古典文獻研究輯刊

十五編

潘美月・杜潔祥 主編

第26冊

1994年～2003年美國的荀子研究

蘇郁銘 著

國家圖書館出版品預行編目資料

1994 年～2003 年美國的荀子研究／蘇郁銘　著 — 初版 — 新
北市：花木蘭文化出版社，2012〔民 101〕
目 2+176 面：19×26 公分
（古典文獻研究輯刊 十五編；第 26 冊）
ISBN：978-986-322-009-1（精裝）
1.（周）荀況　2. 荀子　3. 學術思想　1. 哲學
011.08　　　　　　　　　　　　　　　　101015073

ISBN-978-986-322-009-1

9 789863 220091

古典文獻研究輯刊
十五編　第二六冊　　　　　　ISBN：978-986-322-009-1

1994 年～2003 年美國的荀子研究

作　　者　蘇郁銘
主　　編　潘美月　杜潔祥
總 編 輯　杜潔祥
企劃出版　北京大學文化資源研究中心
出　　版　花木蘭文化出版社
發 行 所　花木蘭文化出版社
發 行 人　高小娟
聯絡地址　新北市永和區中正路五九五號七樓
　　　　　電話：02-2923-1455／傳真：02-2923-1452
網　　址　http://www.huamulan.tw 信箱 sut81518@gmail.com
印　　刷　普羅文化出版廣告事業
初　　版　2012 年 9 月
定　　價　十五編 26 冊（精裝）新台幣 42,000 元

1994年～2003年美國的荀子研究

蘇郁銘　著

作者簡介

蘇郁銘，1978 年生，新竹市人。先後畢業於輔仁大學中文系、國立雲林科技大學漢學資料整理研究所。

以讀書與思考為嗜好，經史子集均有涉獵，對中國先秦思想史以及傳統史學浸淫較深，在此方面常有獨到見解；對身邊其他事物喜歡從旁人容易忽略的地方思考，認為世人看待週遭事物的價值過於偏頗、且又容易被他人所左右，因此對已故學者陳寅恪「獨立之精神，自由之思想」的主張心有戚戚焉。

提　　要

美國的荀子研究始於德效騫（Homer H. Dubs）在 1920 年代出版的英譯與研究著作，其論著也為以後美國的荀子研究奠下基礎。此後美國的荀子研究曾中斷將近二十年，直到 50 年代方告復甦。在 70 年代之前，雖然在某些領域上有所進展，但在這一段時間內，荀子研究並沒有受到應有的重視。

進入 70 年代之後，因為環境條件的成熟，美國的荀子研究邁入了興盛期，而大量論著的問世，不但促使學者從多方面來探討荀子的學說及其外圍問題，同時也促成全譯本的問世，讓美國的荀子研究在興盛之際，也開始進入另一個新的時代。

本時期的美國荀子研究不但承繼了之前的研究成果，也受到當時普遍重視倫理學研究的影響，而從倫理學的角度出發，整合之前的研究成果，對荀子的學說作出新的探討與理解。然而這種風氣也造成了此時荀子研究有倫理學獨大的現象。

此外，回顧二十世紀的研究成果，以及將考古文物納入荀子研究的參考資料，也都是這一時期美國荀子研究的特點，而後者尤為美國荀子研究之創舉，相信此事也會對此後的美國荀子研究造成相當的影響。

目
次

第一章　緒　論

第一節　研究動機與目的

一、研究動機

　　中國與西方之間的往來已有千年以上的歷史，然而，因爲地理遼遠以及物質條件上的侷限等因素，使得兩地人民難以直接交往，對於彼此的認知多有賴於外來商旅之間的傳說，因此，兩地人民對於彼此的文化都缺乏完整而正確的認識，更不用說接觸對方既有的典籍與文化思想。

　　至於中國典籍的西傳，有學者考證，大約在十三世紀左右，就已經有人將中國書籍帶入西方，〔註1〕然而，正式將中國的典籍以譯介的方式傳入西方，並引起西方學術界的注意，則是十六世紀末耶穌會教士來華傳教之後的事。部分被傳教士們認爲有助於理解中國文化的典籍，在經由譯介的方式傳入歐洲之後，在十七、十八世紀的歐洲學術界引起相當熱烈的討論，並影響到歐洲的啓蒙運動。

　　然而，也不是每一部被傳教士譯介的典籍都會立即引起西方學術界的注意。當十六世紀末，中國典籍開始被傳教士以譯介的方式傳入歐洲時，《荀子》一書也躬逢其盛，〔註2〕然而，由於當時在華的傳教士以及歐陸的學者們都將

〔註1〕　參見楊煥英：《孔子思想在國外的傳播與影響》（北京：教育科學出版社，1987年），頁151。
〔註2〕　根據張西平的說法，在十六世紀末譯成西班牙文的中國思想典籍──明朝范

他們的注意力集中在了解中國歷史與文化的核心，所以他們最爲注意的，乃是在當時的中國奉爲經典的《四書》，以及如同《通鑑綱目》的通史類型之著作。這種情況的發生，使得其他被當時的人認爲與中國歷史與文化的核心較無關係的典籍，在傳入歐洲之後，沒能夠立即引起歐洲人的注意，而本文探討的對象——《荀子》，便是一個例證。

在十六世紀末已有部分內容譯爲歐洲語文的《荀子》，由於被當時認爲與中國的歷史與文化的核心無關，而被十七、十八世紀的歐洲學界所冷落，直到十九世紀後半葉，才在英國學者 A. Wylie 的著作《中國文學典籍註釋》〔註3〕中，首次出現西方學者對它的研究與介紹，然而此舉並沒有使當時的西方學界立即關注這部中國先秦儒家典籍，《荀子》依然不受當時的歐美學界所注意。這種情況，一直維持到 1920 年代。〔註4〕

1918 年結束的第一次世界大戰，不但對當時歐洲的物質環境造成極大的損害，同時也動搖了歐美學者對歐洲近代文明的自信心，使得他們在大戰結束之後，試圖從東方文化中尋求精神上的彌補，《荀子》就在這個環境下成爲他們正式的研究對象之一，歐美的荀子研究也因此逐漸走上軌道。

雖然歐美學界在此之前便已經有人討論過荀子的學說及其外圍問題，不過，一般均以爲德效騫之《荀子：古代儒學之塑造者》〔註5〕的出版爲英語學界荀子研究的開始。〔註6〕到 1932 年爲止，包括《荀子：古代儒學之塑造者》

立本所編纂的《明心寶鑑》中，亦選錄《荀子》的部分內容，故此處以該書的譯本之後在歐洲的流傳，視爲《荀子》一書傳入歐洲的濫觴。關於《明心寶鑑》的翻譯與流傳，參見張西平：《中國與歐洲早期宗教和哲學交流史》（北京：東方出版社，2001 年），頁 298。

〔註3〕 A. Wylie, *Notes on Chinese Literature: with Introductory Remarks on the Progressive Advancement of the Art; and a List of Translations from the Chinese into Various European Languages*（Shanghai: American Presbyterian Mission, 1867）.

〔註4〕 從 A. Wylie 之後到 1920 年代之前的這一段時間，除了 James Legge 曾經在翻譯《孟子》時連帶翻譯了《荀子》中的〈性惡〉以作爲孟子性善論的對照之外，研究《荀子》的就只有 Joseph Edkins 的 "Siün King, the Philosopher, and His Relations with Contemporary Schools of Thought", *Journal of the China Branch of the Royal Asiantic Society* 33（1899-1900）, pp. 46-5.。

〔註5〕 Homer H. Dubs, *Hsüntze, the Moulder of Ancient Confucianism*（London: Arthur Probsthain, 1927）.

〔註6〕 John Knoblock 以爲德氏《荀子：古代儒學之塑造者》的出版爲美國學界荀子研究的開始。參見 John Knoblock, 'General Introduction', *Xunzi: A Translation and Study of the Complete Works*. Vol. I.（Stanford: Stanford University Press,

一書在內，共有七篇論文以及三種專著出現，其中德氏就寫了兩本專著以及一篇論文，〔註7〕可說是在這一個時期裡最有成績的學者。然而，自 1932 年之後的二十年間，歐美學界在荀子研究此一領域幾乎沒有任何專著出版，直到戰後的 1951 年才又出現。

在二次大戰結束後，歐洲學者大多已移民到美國繼續他們的研究工作，使得歐洲學界因為人才的流失，而衰微了好一段時間，反觀美國學界，卻因為這批生力軍的加入而興盛起來，並且在許多方面的研究逐漸超過歐洲。美國漢學界的荀子研究也因此在二次大戰結束後，不論是在論著的數量上以及在質量上，均逐漸超越了這時相對沉寂的歐洲漢學界，成為在西方漢學界中，在荀子研究方面較為興盛的地方。本文之所以以美國之荀子研究作為本篇論文之探討主題，便是著眼於此。

雖然從 1951 年開始，美國的荀子研究因為美國漢學界在這個時期開始重視對中國哲學的研究，而有復甦的跡象，但在 70 年代之前的二十年裡，卻因為學界將注意力集中在中國近現代社會的研究，以及中國傳統典籍的翻譯與整理的關係，使得這個時期的荀子研究難以在美國學界開始注意中國哲學的情勢下乘機崛起，在論著的數量上，更是慘澹到僅有數篇單篇論文以及一本《荀子》英文選譯本——Burton Watson 的《荀子讀本》〔註8〕面世。根據此一現象，可以看出此時美國的荀子研究是處於極為弱勢的狀態，在論著的數量上顯然不能與 70 年代以後的盛況相比。

進入 70 年代之後，由於環境條件的成熟，美國漢學界開始關注中國先秦思想的研究，此一現象也帶動了美國的荀子研究風潮，在整個 70 年代以及 80 年代這一段時期中所出現的論著，在數量上遠超過 50、60 年代，而且在倫理學方面、單篇研究以及總論方面的研究成果均有進展，可說是荀子研究在美國的第一個高峰期。

1988 年美國學者 John Knoblock 的《荀子》英文全譯本——《荀子：全書的翻譯與研究》〔註9〕第一卷的出版，乃美國荀子研究的重要轉捩點，其重要

1988）, p. 120.

〔註7〕 即前述之《荀子：古代儒學的塑造者》及其在 1928 年出版的譯本《荀子的著作》，和稍後發表於 1930 年第 50 期之《美國東方學會學報》的〈孔子的「性」與教育〉。

〔註8〕 Burton Watson, *Hsün Tzu: Basic Writings*（New York, 1963）

〔註9〕 John Knoblock, *Xunzi: A Translation and Study of the Complete Works*（Stanford,

性，在於本書乃是美國漢學界對全本《荀子》英譯的首度嘗試，而該書的出版，也宣告了《荀子的著作》〔註 10〕以及《荀子讀本》這一類的選譯本將退出歷史的舞台，此後的美國荀子研究將因此擺脫之前因為以選譯本作為基礎文獻，而對《荀子》內容的探討不夠周全，以及誤解選譯本所未翻譯的篇章等困擾，除此之外，尚可依據《荀子》中的非重點篇章，探討之前所從未注意到的論題。所以，本書的出版，不啻宣佈了美國的荀子研究即將邁入另一個時代。此外，由於本書整合了在 1993 年之前在荀子研究方面的研究成果，就某個角度而言，本書的出版也可以說是先前美國荀子研究的總結，所以在本文中，便以 1994 年作為美國的荀子研究的一個重要的年代斷限。

　　進入 1990 年代以後，美國的荀子研究又進入一個新的高峰期，而到 1994 年以後，這個研究熱潮仍在持續，並在世紀之交的那幾年達到最高潮，直到 2004 年始暫告歇息，〔註 11〕在有《荀子：全書的翻譯與研究》這部於 1994 年全部出齊的全譯本可供參考的情況下，這一段時期的荀子研究是不是因為有這個全譯本可供參考的關係，而對《荀子》一書內容的研究比以往更加全面、更加完整，實在令人好奇，再加上此時美國學術界普遍熱中於倫理學之研究，而在中國思想研究方面，也開始以 90 年代在中國大陸新出土的簡牘文物為依據，重新探討先秦各思想學派的學說內容及其互動關係，而這兩個學術研究風潮對於此時美國的荀子研究有多少影響，也是值得探究的問題，所以本文以《荀子：全書的翻譯與研究》出版後的第一個十年，也就是從 1994 年至 2003 年的美國荀子研究為本篇論文的研究主題，主要動機在此。

二、研究目的

　　本文之主要研究目的在於探討美國荀子研究自全譯本出現之後，以及在當時美國學術界倫理學研究風氣盛行，而又以新出土之簡牘文物作為先秦思想史研究之新憑據的情況下，於研究之題材與內容方面，是如何地順應時勢、

1988-1994）.

〔註 10〕 Homer H. Dubs, *The Works of Hsün Tze*（London: Arthur Probsthain, 1928）.

〔註 11〕 筆者手中的資料顯示，從 2004 年到 2005 年 5 月這一年多的時間，在美國諸多學術期刊中，僅有三篇以荀子為研究主題之論文發表，與之前 1999 年至 2003 年這一段期間平均一年便有四種以上的論著問世的情況相比，在年平均量方面減少了約一半以上，而此一現象的發生，也顯示出當下的美國荀子研究風潮已經退燒。

繼往開來，並對此作出較爲全面的介紹、論析與評價，然後據此推論未來美
國的荀子研究可能的研究發展方向。

　　此外，就筆者所知，國內之荀子研究在近年來雖有多元化的趨向，然而
與國外學者相比，國內學者在這方面的研究，仍殘留著些許傳統說法的陰影，
致使在某些方面難有較爲全面的認識，以及有較具突破性的見解。筆者希望
藉由本文對美國漢學界在荀子研究之研究成果的探討，使國內之中國思想研
究者能一窺國外學者的研究方式及其所累積之經驗與成果，並藉以互相了
解、取長補短，使國內、外之中國思想研究者們能在相互了解與交流之下，
在這方面能有更爲卓越的研究成果出現。

第二節　研究範圍與方法

一、研究範圍

　　本文的探討範圍限定於 1994 年至 2003 年這十年之間，在美國發表或是出
版的有關荀子研究之論著。本文就這些論著的重要論點以述論的方式處理，並
從中整理出研究者的研究成果，以及各時期的研究趨勢。此外，本文將追溯在
1993 年以前美國學者研究荀子的論著，至 1927 年美國漢學界首部荀子專著的
出版爲上限，選擇其中較具代表性的論著來論述自 1927 年至 1993 年這一段期
間內之美國漢學界在荀子研究方面的成果，作爲本文研究的既有基礎。

　　本文既以美國漢學界的荀子研究作爲論述的主題，因此，對於歐洲、中
國大陸、日本、臺灣以及香港等地區出版的有關荀子研究之論著，均不納入
本文的論述範圍，至於不曾在美國地區任教或從事研究而在美國的學術刊物
發表其論著者，亦同樣不納入討論的範圍之內。簡言之，本論文所探討的對
象，完全以美國籍或曾在美國地區任教或從事研究之學者的英文論著爲主。

　　此外，由於本文所探討的是國外漢學界的研究成果，因此，勢必要對國
外漢學研究者的姓名及其論著的標題，和其所提到的國外學者及其論著的標
示做出較爲妥善的處理。本文在這方面的處理方式是：若國外漢學研究者本
身有取中文姓名者，則在其姓名第一次出現時，在旁邊以括弧標示其中文姓
名，之後的論述全以其中文姓名處理，如果本身沒有中文姓名者，在本文的
論述中則完全以原來的姓氏標示；若是華裔學者，在本文中便以其原來的中

文姓名，或者是以「柯氏」、「李氏」稱之，其他類推，至於唯一的例外：David B. Wong，則因筆者無從得知其原來的中文姓名，在本文中便以「Wong 氏」稱之。至於論著方面，也同樣會在第一次出現時標示筆者對論著名稱的翻譯，但是在論述時，則盡量使用該論著的原名或是簡稱。至於這些漢學研究者所提到之外國學者及論著，在學者的姓氏方面基本上會視同沒有取中文姓名之漢學研究者處理，而這些學者的論著也會與本文所論述的漢學研究論著使用同樣的處理方式。

　　至於本文所討論的論著之排列次序，基本上是以發表與出版的時間先後次序做為排列之標準，在論文方面，便完全按照這個標準。也就是說，同年發表之論文，以發表時間早的篇章排在前面；在著作方面，除了這個標準之外，同年出版之著作，則是以作者姓氏之開頭字母做為排序之依據。另外，若是出現同一年有數種論文及著作發表與出版的情況，則以論文為優先排序之對象，並將以上之排列方式合併使用。

二、研究方法

　　本論文所採用的研究方法如下：

（一）文獻研究法

　　在確定本篇論文的研究題目與範圍之後，設法蒐求與本篇論文之研究主題相關的書目和文獻，並以這些已經蒐集到的書目和文獻為基礎，尋找其他與本篇論文研究主題相關的論著與文獻資料。在蒐集資料的動作告一段落之後，再針對所蒐集到的相關資料進行內容上的分析與主要論點的整理，再評估各種資料的價值所在，然後運用歸納的方式，對所蒐集的文獻資料中的各種論點加以研討和詮釋，並在研討和詮釋的過程中，提出筆者在這一個研究主題上面的見解。

（二）批判法

　　在分析並呈現本篇論文所研討之對象的內容後，再將國內外學者在荀子研究的各個範疇之研究成果予以整合，作為本論文所探討之荀子於各個思想範疇之理論的整體論述，以及本篇論文所研討的對象之內容的評判標準，然後根據這些標準，對本篇論文所摘述之對象予以逐一檢討，判別其中的意義與是非得失，作為本論文對各時期中美國荀子研究之概況分析以及最後的整

體評估的依據，並依此提出美國之荀子研究在未來可能之研究發展方向。

至於本文各章節的內容如下：

第一章〈緒論〉

本章是論述撰寫本篇論文的研究動機與目的、研究範圍以及研究方法。

第二章〈早期（1927～1993）美國荀子研究述要〉

本章所探討的範圍是 1927 年美國漢學界首部荀子研究專著《荀子：古代儒學之塑造者》出版之後，到 1993 年——Knoblock 的《荀子：全書的翻譯與研究》一書三卷全部出齊的前一年——為止，這一段期間美國學界中的荀子研究的成果。因為此一時期的論著多達六十餘種，所以本章以摘選的方式，選出此一時期中較為重要，以及較具影響力的論著，作為此一時期研究成果的介紹，並作為下一章探討的基礎。

第三章〈早期（1927～1993）美國荀子研究述論〉

本章以第二章所介紹的論著為依據，從「人性論」、「心論」、「天論」、「禮論」、「名學」、「政治論」等六個議題，檢討此一時期美國荀子研究之研究成果。除此之外，筆者亦在本章中另立「翻譯」一節，討論在此時出現的譯作，如：德效騫的《荀子的著作》、Watson 的《荀子讀本》、梅貽寶的幾篇譯作、陳榮捷在《中國哲學資料書》〔註12〕中《荀子》的選譯以及 Knoblock 的《荀子：全書的翻譯與研究》等，並針對這些譯作進行整體的評論。

第四章〈1994 年～2003 年美國荀子研究述要〉

本章的內容則是按照發表時間的先後，逐一介紹自 1994 年 Knoblock 的《荀子：全書的翻譯與研究》一書三卷全部出齊之後，到 2003 年這十年之間美國學界於荀子方面所發表的相關論著，作為下一章進行探討的依據。

第五章〈1994 年～2003 年美國荀子研究述論〉

本章採取與第二章相同的模式，依據第四章的內容，從「人性論」、「心論」、「天論」、「禮論」、「名學」、「道德論」等六個不同的議題整理這個時期美國荀子研究在各方面的研究成績，並對其研究之方式、走向進行分析與檢討，而不能歸屬於這六個議題的部分，則另立「其他」一項進行述論。

〔註12〕Wing-tsit Chan, *A Source Book in Chinese Philosophy*（Princeton: Princeton University Press, 1963）.

第六章〈結論〉

　　本章根據前述的內容，對早期以及近十年之美國荀子研究之成果進行總結，然後，再根據這些論述提出美國的荀子研究在未來可能的研究發展方向。

第二章　早期（1927～1993）美國荀子 研究述要

　　雖然在 1927 年美國學者德效騫的《荀子：古代儒學之塑造者》（以下簡稱 *Hsüntze*）於倫敦出版之前，美國學界已有人發表過荀子研究的論文，或是在中國思想史的相關論著中，有對於荀子思想學說的介紹與討論，但是學界一般以為，美國以及整個英語世界的荀子研究是從德效騫 *Hsüntze* 一書的出版之後才算正式開始。然而，由 *Hsüntze* 的出版所帶動的荀子研究風氣並沒有持續多久，便在中、美學術交流開始達到高峰的時候突然中斷（1927～1932），此後一直到 1951 年之前，僅有一部中國思想史的著作曾經介紹過荀子的學說。〔註1〕在進入 1950 年代之後，由於時勢的關係，美國學者又開始注意、並著手中國思想方面的研究，而美國的荀子研究也因此在幾乎完全中斷 20 年之後，由德效騫等人在早期研究的基礎上，發展出屬於美國的荀子研究。然而，在 1950 乃至於 1960 年代整整 20 年的時間裡，美國的荀子研究並不興盛，除了 Burton Watson 的《荀子》選譯本的出版外，僅有幾篇單篇論文，及幾部關於中國思想的著作中對於荀子的思想有所討論而已。

　　美國荀子研究的興盛，是從 1970 年代初期羅思文發表〈「荀子」中的國家與社會觀念〉〔註2〕一文開始。此後整個 1970 年代以及 1980 年代，美國的荀子研究便在部分有心的研究者的熱心研討之下興盛起來，雖然就論著的數

〔註1〕　即 E. R. Hughes, "Hsun Ch'ing and His Spiritual Philosophy", in *Chinese Philosophy in Classical Times*（Dent: Everyman's Library, 1942）, 226-253。

〔註2〕　Henry Rosemont Jr., "State and Society in the Hsün Tzu: A Philosophical Commentary", *Monumenta Seria* 29（1970-1971）, pp. 38-78.

量而言，並不能說是美國漢學界中的大宗，然而其論著的數量，已經遠遠超過了前面數十年的總和。

1980 年代末期，第一部《荀子》英文全譯本：John Knoblock 的《荀子：全書的翻譯與研究》第一卷的出版，則是美國荀子研究的大事。因爲此書的出版，標誌著荀子研究不必再依賴之前的兩部選譯本，而可以憑藉著這部全譯本對《荀子》一書之內容與論點做更爲全面的探討。大約在同時，美國的荀子研究也在華裔學者柯雄文等人的努力之下，引起學者對荀子思想的深入探討與省思，且在 1990 年代初期形成一股研究風潮。就研究角度而言，可以說是在 1994 年正式進入「全譯本時期」〔註3〕之後，美國荀子研究的先聲。

本章選錄此一時期美國的荀子研究中較爲重要的論著，並對其內容予以摘述，以作爲探討此一時期研究成果的參考。

第一節　荀子研究述要（一）

一、德效騫：《荀子：古代儒學之塑造者》

美國漢學界的荀子研究始於德效騫，德氏在荀子研究方面的專著 *Hsüntze*，出版於 1927 年，這本著作是美國漢學界首次針對荀子及其學說進行較爲全面性的介紹。在該書中，德氏也介紹了如生平、著作等較爲外圍方面的問題。對於這些論題，德氏均根據相關文獻的記載來討論、介紹，至於較爲重要的荀子學說方面，則分爲十三個部分來進行討論，茲分述如下：

（一）基本概念

德氏以爲，荀子本人在人性論方面的論點以及對歷史的詮釋，是《荀子》一書的基本觀念。

1. 人性論

德氏在此處指出，荀子的人性觀點，是從人的社會化與社會組成能力出發，並以爲人類的這種能力是人與動物之間的重要區分。這種觀點雖然與古希臘思想家亞里斯多德「人是政治的動物」的想法頗爲相似，然而荀子因爲生存背景與價值觀的關係，讓他認爲所謂的社會化與社會組成能力的主要目

〔註 3〕 John Knoblock 的《荀子：全書的翻譯與研究》三卷本於此年全書出齊，故筆者以此年爲斷限，將 1994 年以後迄今定爲美國荀子研究的「全譯本時期」。

的是為了人群的日常生活，也就是如何使人群能在當時的現實環境中生存下去，而其理論也以這種實用思想為主軸來推展，發展出與亞里斯多德不同的論點。

由這種思維，可以導出荀子所認為的人性中最主要之內涵，即人類求生存的欲望，以及相應的「情」。然而，荀子並不認為情與欲是人類道德觀念的主要動力，同時也不認為它們具備自我約束的能力，並提出以「禮」這個外在的約束做為人類應該遵守的道德規範，以制約人本有的情與欲，使之不至於往一般所認定的「惡」的方向發展。這種觀念顯然和近代歐洲學者的理論頗為相近。

荀子人性論的觀點與不談人性的孔子，主張性有善有不善的告子，以及主張性善的孟子，有著明顯的差別，然而這種觀點在宋明理學興起之後，便因為對人性認知的不同，而被之後的儒者所排斥。

2. 對歷史的詮釋

由於時代的關係，荀子對歷史的詮釋多依據當時流傳的典籍，而針對所謂的「三代」進行論述。至於他之所以會提出這些詮釋，除了學派內部的理論傳承之外，與當時其他學派的論辯也有很大的關係，所以，荀子個人對歷史的詮釋就因為他個人的觀點與和其他學派的論爭的關係，而帶有濃厚的道德觀以及學派論爭的色彩。

然而，在荀子之後興起的秦始皇，由於他的施政方針與統一中國的方式，與荀子儒家式的觀念大相逕庭，歷史的現實也使得荀子的觀念遭受到嚴重的挑戰，不過，也沒有必要因此質疑荀子在這方面的思想，畢竟荀子在當時的情況下，也難以逆料未來會有如此的發展。

（二）思辯哲學與迷信

德氏認為荀子的思想有一個特點，即「重視實用價值的程度超過建構理論的興趣。」〔註4〕所以，荀子對事物的觀察與理解都是由該種事物對人群的實用性出發。也因為如此，荀子才會有「不求知天」以及反對後期墨家、名家在概念、邏輯這一方面的理論等言論的出現，乃至於對其他學派的批判，都是由此而來。

延續著《尚書》、《詩經》中的觀念，春秋戰國時期的中國思想界對於「天」

〔註4〕　見 Homer H. Dubs, *Hsüntze, the Moulder of Ancient Confucianism*, p.56。

的看法，仍然存留著一些屬於原始信仰方面的色彩。不過，當時的思想家已經開始去討論天地自然的運行原則，也就是所謂的「道」，並逐漸去建構這方面的理論。在儒家思想中，「道」的理論則是與人的倫理關係聯繫起來，使得「道」成為自然乃至於人類社會的運行原理。然而道家中的老子一派，則以「道」為天地自然的運行原則，沒有與人群社會建立起比較緊密的聯繫關係。

在這一方面，荀子接納了道家老子一派「道」的宇宙法則觀念，並發展其「自然天」的觀念，對自然現象做了較為理性的思索，進而否認了天對人的行為的影響，並倡言天地間的部份奇特現象，與天的意志無關，也與人的作為無關；人在行動以及決定上，都應該注重人自己的能力與努力。換句話說，荀子企圖將人拉抬到與天同一層級，所以，他將天道——自然運行之道——與人的倫理關係分開：「道者，非天道也，非地道也，人之所以道也。」（《荀子·儒效》）亦即荀子之所謂「道」，為單純的人倫之道。荀子這種天道與人道分途的觀念，與歷來儒家典籍中主張「天道與人道同」的觀念是大不相同的。

如此一來，覆蓋在所謂的鬼神與任何的祈禱儀式，以及當時所難以理解的自然現象上面的神秘色彩，即被荀子所揭除，而賦予屬於人文現實的涵義。然而荀子自身所承繼的經籍及儒家前輩在這方面的解說與理論，本身便是宗教信仰與道德論說兼容並蓄之物，荀子在這方面的努力，也就因為環境條件上的侷限，只能將其中的道德論說成份加以強化，難以將其中的宗教信仰成份完全去除。

雖然如此，荀子自身所具備的理性思辯，還是具有相當的科學精神。不過，他的理性思辯並沒有運用在當時的科學研究上，相反的，他的「不求知天」與重視道德觀念的思維，使得具有科學精神的他反對他所認為不符實際需求的科學研究，他對當時研究科技最為精深的後期墨家的攻擊，便是一個最好的例證。

（三）人　性

先秦思想家對於這個論題的思考，在荀子之前已經發展了一段時間，儒家的另一重要人物——孟子，就在這個方面針對人類的理性部分，提出了「性善說」。

荀子則接納了道家中老子一派的「自然」觀點，將他對這個領域的思考集中在人的求生欲望，而提出所謂「性惡說」，認為人類自身沒有控制的欲望，是世間諸惡的源頭，並對孟子「性善」的說法提出質疑，而德氏也認定荀子

的「性惡說」是主張人性趨近於惡。

德氏雖然認定荀子在這個領域主張人性傾向於惡，但是他也清楚的指出，荀子人性傾向於惡的觀念，與早期基督教神學家聖‧奧古斯丁所提出的人性本惡的觀念有程度上的差異：荀子在這個領域所提出的人性傾向於惡的論點，其矯正方式並不是由絕對的宗教信仰來獲得救贖，而是由人為的規範與教化來限制人類本有的求生欲望，使人類個體的欲望能與眾人的生存利益達到一個平衡。德氏認為，荀子針對「性惡說」所提出的對策，與聖‧奧古斯丁相比，則是大幅度的提高了人類在面對先天上的問題的自主能力，而荀子與聖‧奧古斯丁在此一理論上的差距，就可以由此看出。

此外，德氏也指出，由於荀子在人性論方面提出「性惡說」，也使得他特別著重可以用來矯正的教育觀和秩序觀，而這一點也彰顯出荀子的「性惡說」雖然主張人性傾向於惡，但並不代表傾向於惡的人性在後天就一定會朝惡的方向發展，而是可以經由後天的人力與規範去矯正，並朝著善的方向發展。

除此之外，德氏也指出荀子的性惡論之所以會被宋代以後的儒者強烈反對，原因在於宋代之後儒者的人性觀，已經延展到整個世界的形成原則，與先秦的人性論的指涉範圍有所不同。宋代以後的儒者在這個思想範疇上，以當時的觀念為標準，來看待先秦時期在這方面的論說，由於彼此在觀念上的差距，使得他們不能認同荀子的觀念，而這一點也是宋代以後的儒者誤解荀子學說的癥結所在。

（四）倫理學的基本概念

儒家將其道德理論統攝於所謂的「聖王之道」，韓愈在〈原道〉一文中，將這個先王之道的系統從堯、舜、禹、湯、文、武、周公一直排列下來，在周公之後，則是孔子與孟子這兩位非統治者的思想家，儒家的創始人物孔子在承接了這些文化遺產之後，則致力於「聖王之道」的闡明、整理與傳承，並沒有另外新創任何觀念。孔子之後的思想家，包括孟子與荀子在內，他們所提出的主張雖然內容與孔子的學說有所不同，但是他們仍然以「聖王之道」做為他們的口號。

在《論語》中並不能很清楚的看出孔子在「聖王之道」方面的論說，而在《大學》中，則可以找到一些觀念。在《大學》中，提出了所謂「修身」、「齊家」、「治國」、「平天下」的理論，而這些理論在最後都歸結到個人的道德修養，並提出政府官員若要使國家政治上軌道，必須懂得如何使人民能夠

得到良好的生存環境的觀念，而官員除了辦事能力之外，也必須特別注重個人的道德操守。

在孔子之後的孟子，則特別強調道德方面的培養，其性善論的主張，使他發展出擴充四端的道德修養理論，並認為只要藉由道德心的擴展，便可以獲得德行上的知識。然而，若孟子的觀念可以完全成立，那麼所謂的聖王也不需要存在，德氏以為，就某種程度而言，孟子的觀念反而破壞了儒家自孔子以來的聖王觀，而荀子在〈性惡〉中對於孟子性善論的質疑，正是由此而發。

荀子對於經籍研習的重視，就某種程度而言，可以說是他對「聖王之道」的重視，而他也將所有正確的觀念歸諸於聖王的制訂，後來的人進行所謂的道德修養，只要將聖王所制訂的正確觀念予以學習、體會並付諸執行即可。

至於其中理論的推展，荀子則提出具有控制人身體上感官能力的「心」，是人認知並接納「道」的重要因素。也就是說，「心」是荀子道德修養論中重要的一環，所以，荀子在這方面提出「心」在保持「虛」、「壹」、「靜」的情況下，便會對事物有正確而客觀的認知這個說法，以為「心」可以認知「道」的理由。

「虛」的概念是源於老子虛以納物的觀念，而荀子在這裡則以排除已有的成見來解釋；至於「壹」則有專注之意；而「靜」的觀念，則與《中庸》的「中」與「和」的意義頗為近似，其運用之方式，則與老子的「歸根」相同，即平靜的觀察事物的原貌。從這三個概念的界定，可以看出荀子「心」的理論融合了儒家與道家中老子一派的觀念。

荀子認為，「心」在「虛」、「壹」、「靜」的情況下可以認知「道」，並由此接納聖王所制訂的正確觀念，然後予以學習與執行，以達到真正的「道」的境界。就此而言，荀子本身對於他所理解的所謂聖王之道，賦予了權威的地位，這與基督教將《聖經》視為絕對的權威的情況頗為相似。然而，他與孟子相同，認為人是可以經由道德上的修養，達成聖人的境界，雖然一主性惡，一主性善，但是同樣的都相信人自身的能力，而荀子在性惡的觀念下，更提高人在後天道德修養上努力的重要性，其重視人之能力的觀念，也得到儒學在這方面的真髓。

由上面的推論可以看出，荀子在闡述其道德理論時，並不將注意力集中於人性是如何的邪惡與卑劣，而是從人需要道德修養的角度出發，去思索人性的問題，而他所得出的結論是，性善論並不能使人致力於道德修養，唯有

性惡論方能解釋人爲何必須藉由後天的教育與外在的規範來進行道德修養。荀子這種想法，與基督教，和盧梭、霍布斯等重視外在規範的西方思想家頗爲相近。

至於「聖王」觀念的界定，荀子雖然也與其他的儒家學者一致推崇所謂的「聖王」，但是，他與孟子以「聖王」爲「先王」的想法並不相同，而是以「後王」來界定這個觀念。在荀子的「後王」觀念中，荀子較爲推崇的是在制度確立上較有功績的聖王，以當時的觀念來說，便是文王、武王與周公父子三人。於是，荀子便致力於闡揚其所制訂的禮儀制度，並詮釋其中的涵義與必要性，而這些言論偶爾還會在與其他學派的論辯文字中出現。

既然提到聖王，也就會討論到與聖王相對立的昏君：桀與紂，在荀子的觀念中，他們之所以會成爲昏君，被不肖的臣子所蒙蔽是原因之一。荀子也將他們與墨子、申子、愼子等人在〈解蔽〉一篇中相提並論，並認爲墨子等人的學說也各有所蔽，唯有孔子與聖王，才是眞正的完美無缺。

荀子在道德相關概念上的論說，與西方的思想確有相似之處，然而其整體觀念卻是在高度認同人自身的能力爲基本想法而展開，就此而言，似乎也可以說荀子發展了孔子在道德修養上認同人自身能力的理論。

（五）禮與仁

在儒學的倫理思想中，有「禮」、「仁」、「義」、「忠」、「信」等觀念，並將這些道德觀念統攝於「道」的觀念之下，若論及外在與內在的重要道德觀念，則以「禮」與「仁」較爲重要。

從「禮」這個字的構成，可以看出「禮」的發展最初與宗教信仰的儀式有關，而之後「禮」在儀節與概念上的發展，則可以從《儀禮》與《禮記》中，看到「禮」是如何逐漸形成人與人之間在各個場合的相處模式，然後發展成一個重要的道德標準。

中國的信仰對象爲自然界中的各種不同的力量，面對這些自然界中的各種不同力量，中國人以崇敬的態度來面對它們，並發展出一套儀節來表達他們對自然界中各種不同力量的崇敬——這便是「禮」的起源。

到了後來，「禮」逐漸由最初的祭祀儀式發展出在各個不同場合所遵行的儀節，而「禮」在各種重要的場合中的重要性也逐漸爲人所重視，然而，在《禮記》的記載中，「禮」只施行於上層人士之間，並不通行於一般人民。

然而，「禮」與「法」在規範性質上的相似，也讓人開始思考人爲什麼需

要「禮」，而「禮」的規範性與必須加以訓練的特徵，也意味著對於「惡」的限制，於是便有人開始思索兩者之間的關係。

對於「禮」的道德涵義，早在其他經典中有所記述，對象均集中於統治者與官員，而儒家著名人物的出身，包括荀子在內，均與上層人士有所關聯，因此，自然會對這種情況有所關注，並對這些記載做出討論或是評斷，從中表達他們對於「禮」的想法與態度，而這些討論與評斷，也逐漸建構出「禮」的相關理論，與「禮」為外在行為的道德規範這個觀念，並予以相當的重視。而荀子便從這些論說中發展出他在「禮」方面的理論。

有重視就必然會有批評，儒家對「禮」的重視，自然會引起其他非儒家學者的不同意見：道家中的老子一派雖然並不正面批判「禮」，卻也在很多批判「文」的地方暗諷對於「禮」的重視與提倡是一種墮落；而莊子一派便直接批評對「禮」的遵行是對人的桎梏；墨子則更進一步，認為「禮」是不必要的繁文縟節，並在其論說之中由信仰觀念來取代「禮」在道德規範上的積極作用。

「仁」與「禮」在儒家的道德觀中同樣重要，雖然它在經籍上的出現次數比「禮」字來得少，但它很早便被認為具有道德涵義。從「仁」這個字的構造來看，便可以看出它最早的意義為人與人之間的適當相處。

在《論語》中，孔子就對「仁」字的含義提出不少的議論，而「愛人」則是較為主要的意義，並認為是所有人倫關係必須遵守的最高道德標準。在〈述而〉、〈顏淵〉等篇中，孔子也屢次提到「禮」與「仁」之間的聯繫關係，而從這兩個字在《論語》中出現的次數來看，在孔子眼中，「仁」與「禮」的地位大致相等。

然而在孔子之後的孟子，雖然沒有證據顯示他忽略了「禮」以及它的重要性，但是從《孟子》一書中的論說可以看出，他更重視內在的道德標準——「仁」——的觀念，而不是外在的「禮」。在孟子的學說中，作為外在道德規範的「禮」，與其他的內在德行都被納入「仁」的範疇之下，而成為一個單純的行為標準。

至於荀子這個兼容其他各家思想的儒家人物，則以「禮」做為最高的道德標準，而將其他的道德觀念歸屬於其下，並將「禮」與「道」相提並論，認為遵循由聖人所制訂的「禮」，才是達到「道」的標準途徑。至於「仁」，荀子似乎在其論說中遺忘它的存在，但這並不代表荀子不談「仁」這個內在

的道德標準，而是將其涵義納入「禮」這個原先屬於外在的道德規範中，並以喪禮爲例，指出「仁」的精神可以藉由對於「禮」的儀式的完全遵行而展現出來。

除了道德上的規範之外，「禮」在荀子學說中，也是政治運作的重要規則，人事上的任免以及君臣之間的相處，都以「禮」作爲依據。也就是說，在荀子的學說裡，「禮」就是使政治上軌道的標準方式——即所謂的「道」。

簡言之，「禮」的觀念發展到荀子，已經成爲其學說的唯一準則，無論是個人的道德修養，還是政治運作，都以「禮」爲行動的正確途徑，換言之，「禮」在荀子的心目中，無疑的，已經等同於最正確的「道」。

（六）其他的倫理概念

除了「禮」與「仁」之外，荀子也曾提到「義」、「忠」、「信」、「誠」、「孝」、「弟」等觀念：

1. 「義」 在荀子的觀念裡，「義」同樣也有義務、正義的意思，然而在他的思想中，「義」被設定爲社會各階層的人們在彼此往來時應遵守的基本準則。可以這麼說：「禮」在轉化爲生活價值時，是以「義」來呈現的。
2. 「忠」 由「中」和「心」二字組成，意指誠心誠意、盡責、忠心。
3. 「信」 由「人」、「言」二字組成，意指忠實、信任、誠實與確實有效。
4. 「誠」 此一概念原指誠實、衷心，然而在《中庸》裡，「誠」變成最高的品德。在《荀子》中，並沒有將「誠」的觀念設定爲人性的品德之一，而是當作進行道德修養時應有的態度。
5. 「孝」 指子女對他的父母最虔敬的供養。
6. 「弟」 這個字的字形與「兄弟」的「弟」一樣（也作「悌」），而它的意思是指晚輩對長輩一般應有的態度。

這些觀念在荀子的思想中，都是統攝在「禮」的範疇之下。

（七）音　樂

早在先秦時期，中國人便注意到音樂對於人類生活的意義，及其在社會、

政治上的功用，然而當時的音樂樂譜並沒有流傳下來，因此今日已不能見其面貌，不過仍然可以根據古代文獻的記載，知道當時的音樂普遍運用在祭典以及宴會等重要場合之中。

儒家學者從孔子開始，便很注意音樂在教化方面的重要性，並努力維持所謂「雅樂」的存在，至於當時出現的新的，與雅樂風格不同的音樂，則予以抨擊。

相對於儒家的重視音樂，稍後於孔子的墨子，則對音樂採取反對的態度，並認為當時的音樂不但無益於國計民生，相反的，其相關費用還是一種對資源的浪費，並因此否定音樂的積極作用。

先秦儒家在音樂方面的論說，可見於《禮記・樂記》。而這篇文章中的論說，則源於《荀子・樂論》，這層關係，可以從這兩篇文章有著相當高的相似性中看出。

荀子在〈樂論〉中對音樂理論的闡釋，是從對墨子一派的「非樂」觀念的質疑開始，然後逐步申述音樂在社會教化上的正面作用：與禮相互配合，以調節人的情感，使人能在各種場合中表達出適當的情感。

荀子這種觀念與古希臘思想家的想法很接近。在古希臘思想家如亞里斯多德的觀念中，音樂演奏也有助於德行的表現——然而，這也只限於亞氏自己所認為的好的音樂。與荀子等儒家學者的想法相同，亞里斯多德也認為那些被他認為無益於現實的音樂不應該予以提倡。

（八）心　論

從前面對於人性論的討論中，可以得知，在荀子的觀念中，欲望才是人性中的重要組成物，至於如何調節人性中的欲望，使人能進行道德修養，荀子所採取的的方式是從「心」入手。

在荀子之前，便已經有人提出欲望本身雖然不是罪惡，卻也是罪惡的根源這種觀念。孔子，以及之後的墨家人物如宋子、墨子等，均對欲望與道德之間的關係做過討論，並逐漸發展出「心」的觀念。

在孟子的道德修養理論中，也提出「心」與「志」的觀念，認為「心」有主導行為的能力，並在不否認人性中有「情」、「欲」的情況下，主張在道德修養的過程中擴大「心」的主導力量。

荀子在以欲望為人性的前提下，接納了在他之前的學者在這方面的論說，認為人人皆有「情」與「欲」，而「心」便擔負起控制它們的重要作用，

所以，在荀子的相關論說中，「心」便被設定爲具有主導與約束感官對於外物的反應這種功能，並發揮其控制情欲和判斷好惡的作用。

不過，荀子也認爲若要達到所謂的善，人類自身的約束力並不足以完全依恃，而必須與「禮」相互配合，荀子認爲「心」便是人接納「禮」對自身約束的重要媒介。在「心」與「禮」在內外對欲望的雙重約制下，便能使人達到「道」的境界。

也就是說，荀子將「心」的功能設定在控制人本有的情欲，以及對於事物的判斷，並認爲處於理想狀態的「心」能做出正確的決定。這種觀念對於西方思想來說並不算太陌生，柏拉圖就曾經提過類似的觀念。德氏以爲這種以「心」控制欲望的道德修養觀念，不但顯示荀子在道德修養理論上繼承了眞正的儒家學說，且在當下仍有值得思索的地方。

（九）教育哲學

中國在先秦時期便已經注意到教育的意義與價值，然而儒家的創始人孔子雖然多次提到學習的重要性，但並沒有在這方面建立一套理論。在孔子之後的孟子，也和孔子一樣，雖然知道學習的重要性，卻也沒有在這方面提出一套完整的理論。這種情況一直到荀子才有所改觀。

荀子在人性論方面主張性惡，這個觀念使得教育的存在有其必要。教育本身，便是藉由環境的塑造，來轉化人性中的欲望，讓人向「善」的方向發展，而不是發展人性中的欲望，使其形成所謂的「惡」。如果要將在人性中的惡轉化爲善，就需要藉由禮義的勤勉學習。

如何學？荀子在這裡提出所謂的「禮義師法」：「禮義」是導人向善之重要觀念，「師法」是傳授禮義、使人向善的重要媒介。荀子認爲從對經典的研讀開始，到對禮義的研習爲止，都應該對其研習之對象所包含的「禮義」以及對「師法」——教授禮義的人物與教授禮義的法度——完全的遵從，並在長久不斷地對經典與禮義的研習中，將其中所包含的禮義內化到生活行爲之中。

此外，荀子的教育思想中也對所謂的「積學成德」反覆致意，認爲對禮義的學習與內化，均需要在日常生活中日積月累，方有可能達成。在〈勸學〉中，荀子就使用很多譬喻，強調「勤學」、「積學」在道德修養上的重要性，並以此誘導人們相信，並去實踐這個道德修養的方式。

就此而言，荀子在教育方面的理論已經建構出較爲完整的體系，而且具

有條理性。德氏以為，荀子在這方面的見解與柏拉圖在《理想國》中的理論頗為相近，然而，荀子之人性平等，及聖賢可學而至的觀念，則具有相當明顯的平等觀念，與柏拉圖具有階級色彩的論說有著明顯的不同。

（十）邏輯理論

在中文裡，「名學」所指涉的範圍與「邏輯」相同，而此一論題的出現，則是因為對於有關「名」之問題的關注所導致。荀子在這方面的論點，因為時空環境的關係，深受在他之前諸多先秦思想家的影響，所以，必須先了解這些思想家在邏輯方面的論點，才會比較容易理解荀子的邏輯觀念。

在《論語》的記載中，孔子以為要使政事能夠上軌道，「正名」是必要的第一步驟，唯有先做到「正名」，才能夠建立明確的價值判準，進而使人人都能按照自身之地位，為所應為，而此一觀念，也可以在《春秋》的內容用語中獲得印證。德氏以為，孔子「正名」觀念的提出，也促成了中國邏輯理論的出現。

道家的老子是第一個處理名實關係的中國思想家，對先秦中國之邏輯發展亦有重大的影響。老子以為名是在表達實的本質，它的本身與實或物是不同的概念。除此之外，老子也認為名與名之間為相對的觀念，而無所謂絕對的存在。由此可以看出，老子的觀念有相對主義（relativism）的色彩。

至於身為快樂主義哲學的個人主義者（The Cyrenaic individualist）的楊子，在這方面則主張名本身不是自然界的產物，而是由人為所生成的，並強調各種事物僅有它們自身的獨特性質，且否認各種事物之間有任何的相同之處。楊子將之運用於自己的理論，而揚棄各種規範的拘束，主張人可以任性而為。

墨子在這方面最著名的論點為「三表法」：（1）本之於古者聖王之事；（2）原察眾人耳目之實；（3）發以為刑政，觀其中國家百姓之利。在三者之中，墨子特別強調第三表，這是因為墨子試圖依據邏輯來表現出他的功利主義觀念。但是墨子對它的詮釋過於狹隘，而導致其功利主義的失敗。

墨子的後學則發展出「墨辯」的邏輯學。在墨辯的理論中，名可以分為達名、類名以及私名三類。此外，他們依據墨子的「三表法」，發展出一種介於孔子與楊子之間的邏輯理論，在這個理論中，實被認為是一個具體的對象，而名則是從具體對象抽象出來的本質。他們的方法與觀念，讓先秦時期的中國有發展科學的契機。

至於荀子在這方面的理論，則與孔子相同，將「正名」當作是他的邏輯原則，也認為當時出現的種種問題，都是觀念的混亂所造成的。荀子以為，

唯有依靠王者將所有的觀念予以清楚的界定，才能建立正確的價值標準，解決當時的亂象。從這裡可以看出，荀子的邏輯理論是為現實服務的。

荀子在制名方面提出一系列的論點：「所為有名」，此為荀子制名的目的，即是對事物的意涵作出明確的劃分，使人對此有相同的認知；「所緣以同異」，論同名異名之所以出現，即以人的感官知覺作為制定名的依據；「制名之樞要」，論制名的原則、名的類別及其用法。在制名的原則方面，荀子特別強調名在現實中的重要性。荀子以為「名」具有固定而確定的意義，但它的意義只是由約定俗成而來，然而約定俗成並無法賦予「名」絕對且固定的標準，所以荀子在其理論中藉由王者或政府的力量來賦予「名」的權威性，而此一觀念也導致其弟子李斯在秦朝建立後推行統一思想的政策。

此外，荀子對名的分類僅有大共名與大別名兩種，它們的指涉範圍相當於墨辯中的達名與類名，至於荀子為何沒有在他的理論中提出與私名相當的觀念，他自己並沒有作出任何說明，這或許是因為荀子以為所有的名都是類名的關係，因此認為沒有必要提出與私名相當的觀念。

另外，對於其他學派在名學方面的理論，荀子提出「三惑」的論點——即「用名以亂名」、「用實以亂名」以及「用名以亂實」，來批判他們在這方面的理論中不合於荀子自己的論點。

（十一）不相等

儒家思想在國家與社會方面建構之理論基礎是宗族觀念以及階層觀念，在這些觀念中，每一個人的地位與彼此相處的態度均隨著身分的不同而有所差異，主張「兼愛」的墨子便因此批評儒家的思想是「愛有差等」，並不合乎眾人平等之觀念。

在荀子的眼中，雖然每個人都平等的具有欲望的本能，然而若要使由人群所形成的社會，發揮其滿足所有人生存的欲望的功能，就必須依照一個既定的規範，使人們各司其職。在這種情況下，便不可能使位於各個不同崗位的每個人在待遇上享有完全的平等，而必須有明確的規範，使每個人都能在他們的位置上發揮他們的作用。所以在荀子的學說中，一個能夠完全發揮其共存之功能的社會，就必須處於一個有階層差別，而不是完全平等的狀態，否則從第一步的分工便不可能做到，遑論之後能否達到其共存的功能。

至於使社會處於一種不平等的階層狀態的規範，荀子以為只有「禮」最為適合，並認為只有「禮」才能使這個不平等的社會以完美的狀態運作，而

達到所謂致治的理想。

（十二）政治哲學

在注重現實的荀子學說中，其政治理論佔有很重要的地位，其口號與其他儒家學者相同：在當時的時空環境下恢復古代聖王的治世。

從孔子開始，儒家便有這種「復古」似的口號，這是因爲他們在觀察古今的歷史與時勢之後，普遍認爲應該要吸收歷史的經驗，使當時的政治在吸收歷史經驗之後，能夠取長補短，而達到理想的治世。以當時的時空背景來說，儒家以爲三代或是在三代之前被稱之爲聖王的君主是標準的學習對象，他們在執政時對政事以及人民所抱持的心態以及處理的方式均值得當時的君主效法，而歷史稱他們所統治的時代爲治世便是最大的號召。而儒家在其間便以學者或是臣子的身分，上輔君主，下治百姓，以提倡他們的理想。

身爲先秦儒家著名人物之一的荀子，在政治學說方面的基本思想可以說是大抵與在他之前的儒家學者相近，均將理論的重心、關注的焦點放在統治者的道德觀念上，並認爲統治者可以將自身在道德修養上的成功推廣到施政的態度上，作爲達到治世的一大主力。

如此偏重君主的權威，對於暴君的出現自然也不能不加以防範，對於這點，儒家均以夏桀、商紂分別爲商湯、周武所推翻爲例，嚇阻君主不能不遵守既定的規範，荀子雖然並不贊成臣子有權力推翻君主，卻也不得不從暴君失政、失天下民心的角度來解釋商湯以及武王推翻夏桀、商紂以救天下百姓的正當性。

在其他儒家的理論中，政權的轉移與所謂的「天命」有著密切的關聯，但荀子就不如此主張。他以爲所謂的「天」，只不過是自然界之運行法則，並不會與人的意志與行爲有所互動，他的這種觀念，使他更注重對君主的道德約束，並以爲君主若在施政上違背了道德的約束，便失去作爲君主的資格，而臣民就有理由推翻他。

至於政府官員的人事任用，儒家向來主張晉升適任者，而罷黜失職者。然而，包括荀子在內，儒家並沒有爲這個主張專門訂立一個明確而普遍的規定，不過，荀子在〈王制〉中對這個觀念仍有所申論：人事的任用以能否篤於禮義爲準，能者升之，不能者黜之。至於實際的運用，則以政府官員的言行舉止是否合乎禮義法度，以及在職位上是否稱職來決定去取，務必達到君子在職的理想。

在經濟方面，儒家一向主張維持古代對於農民十分取一的賦稅標準，以

及對於商品基本上不抽關稅的主張，以達到減輕農民負擔、讓商人貫徹資源上互通有無的理念。孟子還從十分取一的賦稅主張中，提出應該恢復古代「井田制」的口號。荀子除了不提「井田制」之外，大致也與其他儒家學者採取同樣的主張。另外，對於自然資源的運用，荀子則認為人應該在「禮」的約制之下盡量使用。

對於當時相當頻繁的戰爭，儒家從孔子開始便已經注意其間的是非對錯，而孟子更是明確反對以私利為目的的戰爭，並有「善戰者服上刑」（《孟子‧離婁上》）的言論。至於其他各個學派，如道家、墨家等，也都從戰爭對於人民的重大傷害來反對戰爭。荀子對於戰爭的觀念，主要見於《荀子‧議兵》之中，在這一篇裡，荀子明白指出軍事是政治的延伸，一般戰術上的權謀運用，在聖王戰略上的正確使用——以德化民——的面前，發揮不了多大的作用。這種重視政治上戰略運用的觀點，與孟子的想法相同，不過，荀子在這方面的理論顯然更為完整。

在後世以儒家為文化價值標準之後，儒家在政治理論上的道德論說也就普遍為後人所接受，其中荀子的論說，也或多或少為後人所採納，並成為此後中國儒家學者在政治學說上的基礎。

（十三）理想主義與「惡」的觀點

有時我們會認為儒家學者比較重視現實上的問題，而比較不會好高騖遠，然而這並不代表儒家學說中就沒有理想的存在，他們的理想通常都放在政治學說與道德理論這些比較能夠解決現實問題的地方。

在他們的學說之中，「天」是個奇特的存在，雖然儒家對於超自然的存在抱持著類似不可知論（agnosticism）的觀點，但在某些地方，如政權的轉移這方面的解釋，又通常賦予它信仰上的涵義，以便於論證其理論。雖然荀子公然的反對「天」除了自然的意義之外，還有人格性的存在，不過，他也無法完全否定「天」對於人仍然有其影響，不然他也無法闡述他以人為主的道德修養理論。

先秦儒家對於理想的敘述，通常見之於他們的歷史哲學。他們通常引經據典，藉著對於古代聖王治世以及亡國之君的描述，來申論他們以道德修養為主的政治學說。孟子便是一個很好的例子：他經常在遊說君王時，引用《尚書》中的內容來表達自己的政治理想。

荀子也不例外。不過，與孟子相比，荀子對於其理念的理論建構顯然要完整得多，諸如施政方針、人事管理、軍事戰略等均有所考量，然而，也因

爲理論架構上的完整，使得他的理論比孟子顯得更爲理想化。

除了政治學說之外，先秦儒家也經常在他們的道德修養學說中運用他們對於歷史人物的詮釋。孟子便以對「人可以爲堯舜」（《孟子‧告子下》）的肯定，鼓舞人們在道德修養中積極發展人性中的善端，而荀子也曾在其道德修養的理論中運用過這一類的例子，以論證人性之中的「惡」，就算是聖王如堯舜、暴君如桀紂也都是同樣具有的，然而後來對他們的評價之所以有天壤之別，則在於堯舜等聖王能以道德修養節制本性中的惡，而桀紂等暴君卻不能的緣故。

然而這種依託古人故事以闡述其理想的方式，也難免會因爲聖王之名實在響亮，而被認爲過於理想化，且不符合當時時勢這類的疑慮。荀子著名學生之一的李斯便曾經認爲儒家思想以古代聖王爲榜樣，有陳義過高，並且與現實脫節的傾向。然而，儒家之所以運用歷史中的人與事來申述其政治與道德修養理論，也是爲了方便舉例說明，以增加其理論的說服力，使聽者能夠對其理論不至於產生疑慮，而論說者也不至於沒有證據確定其理論的可信度，其精髓所在仍然在於其道德修養理論。

在 *Hsüntze* 一書的結論裡，德氏認爲藉由此書的介紹與討論，可以證實荀子的確是繼孟子之後，另一位先秦儒家的重要人物，其學說繼承孔子思想的部分，甚至超越孟子，可說是孔子學說的眞正繼承者，而其對之後的儒學，尤其是經學的部分，留下了深刻的烙印，並對之後中國的傳統思想有著相當大的影響。

德氏於 *Hsüntze* 一書中對荀子學說的闡述，均從各個思想範疇的歷史發展切入，討論荀子之理論與其他學派的關聯，從此一論述中，亦可看出德氏認爲荀子於其學說中有融合先秦各家理論，形成一完整學說的企圖。

二、馮友蘭，〈荀子及儒家中的荀學〉〔註5〕

馮氏在本文中從九個方面來探討荀子的思想：

〔註 5〕 見 Derk Bodde, trans., "Hsün Tzŭ and His School of Confucianism", in *A History of Chinese Philosophy: Volume I － The Period of the Philosophers*（Princeton: Princeton University Press, 1952），pp. 279-311。筆者之所以將馮氏的著作納入本論文的討論範圍中，主要著眼於該書在經由美國學者 Derk Bodde 翻譯之後，即爲此後美國漢學界的學者們研究中國思想史的入門必讀之作，在美國的漢學界具有相當的影響力的關係。

（一）荀子之為學

主要論述荀子之背景以及荀子勤勉貫徹的治學觀念。

（二）荀子對於孔子、孟子的意見

介紹荀子之尊孔非孟，並談及荀子以為當時各學派的論說均有所不足，進而論荀子、孟子在學說傾向上各自偏向唯物論、唯心論，並以為荀子之非難孟子不過是學派之間的競爭，如同理學中的程朱、陸王之爭。

（三）荀子對於周制之意見

此言荀子以「法後王」的思維，在政治理念上支持恢復周制，並與當時質疑周制是否繼續予以保存的其他學派進行論辯。

（四）天及性

此言荀子在天論以及人性論方面的主張。在天論方面，馮氏以為荀子受道家的影響，而主張自然天的觀念，所以，荀子認為「天」並沒有道德價值的存在，也毋需探討「天」的神秘性，認為應該思考如何運用這個「自然天」。至於人性論方面，荀子的性惡說雖然否定了孟子人性中有善端的說法，但也認為人性雖然沒有善端的存在，卻也可以利用人所特異於禽獸的聰明才智，使人有向善發展的可能。

（五）荀子之心理學

荀子之心論主張由「虛」、「壹」、「靜」的心作為判斷外界事物的標準，並以此節制人本有的物欲。而「虛」、「壹」、「靜」的主張，與老、莊在這方面的論點相近。然而，荀子「心」的主要功用在於知慮，與莊子的心處於一個「虛」、「靜」的狀態不同。所以，荀子之心論是採老、莊之說而加以變化。至於荀子「誠」的觀念，則主要在道德修養的專心致志產生作用，使其「久假而不歸」，與孟子一派主張復其初的說法有明顯的差距。

（六）社會國家的起源

荀子以人必須藉由「群」以達到互利的效果，來解釋社會國家以及禮教制度的起源，其互利之觀點是與墨子一樣採取功利主義的角度。而荀子以為人之能群在於人之能分，並論證禮之必要，亦全由功利主義立論。

（七）禮論樂論

荀子之禮雖然有功利主義的色彩，但荀子對禮的功用設定在節欲、飾情，

還是有考慮到人的感情在禮儀中的地位。另外，荀子以其自然主義的觀點，對起於迷信的喪、祭禮賦予新的意義，為荀子的一大貢獻。

（八）王　霸

荀子在王霸這方面的理論多與孟子相似，對於聖王亦採取較為尊崇的態度，而在實際措施上略有不同的觀點，但因為荀子在人性論方面的主張與孟子不同，而在動機以及人的主導性方面有不一樣的認識，此外，荀子也因為人性論的關係，而有聖王應該具有絕對權威的觀念。

（九）正　名

荀子在這方面的基本主張「制名以指實」，雖然注意到「名」的邏輯意義，但是更強調「名」在教化上的作用。也因為如此，荀子更以常識的角度，指責當時的名家與後期墨家在這方面的理論為「以名亂名」、「以實亂名」、「以名亂實」，脫離了「名」在現實上的功用。除此之外，荀子更認為政府應該主導這方面的思想，這或許是他的弟子李斯等人後來有控制人民思想的主張的原因之一。

此外，在該書的第十四章〈秦漢之際儒家〉中，馮氏則對荀子於祭禮、喪禮方面的觀念有較為詳細的論述，論證了荀子在禮方面「飾人之情」的主張。在樂的方面，荀子將樂的功用設定在調節人的感情，禮樂交互為用，使人群在各方面達到一調和的狀態。除此之外，也以為《禮記》之觀點大多與荀子的主張相近，而〈大學〉一篇的內容也較接近荀子一派的思想，並以此得出秦漢之際的儒學實以荀子一派為大宗的論點。〔註6〕

三、顧立雅：〈荀子的權威主義〉〔註7〕

本文為顧氏所著《中國思想：從孔子到毛澤東》一書的第七章。顧氏在本文中將有關荀子背景知識如生平、《荀子》一書的篇章形成與學說進行綜合性的論述，其中重點介紹了荀子的名論、性惡說、學習觀，以及天論和禮論等方面的論點：

〔註6〕 見同前註，頁 337-357，361-369。
〔註7〕 見 Herrlee G. Creel, "The Authoritarianism of Hsün Tzu", in *Chinese Thought: From Confucius to Mao Tse-tung*（Chicago: University of Chicago Press, 1953），pp. 115-134.

（一）名　論

以當時的思想家來說，荀子是相當重視「名論」的。荀子在這方面提出一系列的論點，從自己的角度討論所有有關名學的問題，如「所爲有名」，則是爲了使人與人之間能夠溝通無礙，同時也指出其目的在於辨同異與明貴賤；而在「所緣以同異」方面，則主張以感官對事物的認知爲基準，確定名對實的概括，注意到名與實的確切聯繫，然而他以爲名實關係的認定，還是要依靠約定俗成。

（二）性惡說

顧氏以爲荀子之所以在人性論方面與孟子有相反的主張，主要是因爲立場上的不同，而造成之原因有二：一是當時的階層流動與由之而來的競爭風氣；另一則是荀子遊歷各國的經驗比孟子豐富，在理解各國不同的風俗之後，容易讓他有人性皆相似，皆近於惡的想法出現。荀子以爲人因爲先天上趨近於惡，更需要藉由後天「禮」的修養始趨於善。

（三）學習觀

就是因爲人在先天上傾向惡的關係，所以荀子以爲人若要達到善的境界，唯有後天的矯正——即對「禮」的學習——才能達成這個目標。也因爲對「禮」的學習非常重要，所以荀子在這方面主張爲學須有禮義師法，相當強調對經典內容的學習。除此之外，荀子也反覆強調「積學」是邁向成德之路的必要態度。

（四）天　論

荀子反覆強調人以及「禮」在自身行爲上的影響力，使得他對於天的宗教性的敬畏減少了許多，也企圖使人與天在互動的關係上至少能提高到相近的等級，並主張天對人行爲的影響力並沒有想像中那麼強烈。

（五）禮　論

「禮」在荀子的觀念中，其宗教上的意義已經被弱化，而強調其對人行爲的制約，並認爲它是使整個環境恢復到應有秩序的重要的制度。荀子以爲，唯有依循先王在整理累積的經驗而制訂出來的「禮」，才能使當時的社會恢復秩序。

就背景知識而言，顧氏有如下的看法：以名氣來說，荀子在儒家中實不如孔子、孟子，究其原因，乃是因爲荀子在人性論方面反對孟子的主張，但

是使他不受後人重視的主要因素，還是在於其學說自身的侷限。此外，《荀子》的部分篇章，其內容明顯經過後人的增補。另外，為儒學重要經典之一的《禮記》的編纂，相信也受到荀子一派很深的影響。

顧氏還認為，儘管荀子在遊歷秦國時，發表過反對當時法家治國方式的言論，但是荀子在強調「禮」這個屬於維護秩序的觀念時，也同時對統治者賦予了太多的決定權，這種做法使得儒家思想逐漸失掉原來的主張，而逐漸轉變為與法家相同的權威主義的擁戴者。這種演變，恐怕也是荀子所始料未及的。

四、劉殿爵：〈孟子與荀子的人性論〉[註8]

早在儒家的孟子與荀子各自提出自己的人性論點之前，人性論便已經存在於中國的思想範疇之中，而在他們各自提出「性善」與「性惡」的觀點之後，人性究屬「善」或「惡」，則成為此後這方面的熱門話題，之後的思想家們也各自提出這方面的理論，以解釋「善」與「惡」的存在以及它們在人性中的定位。至於最初提出「性善」的孟子以及「性惡」的荀子，除了在人性上的「善」與「惡」各有見解之外，卻也對於人性相近的觀念有共識。

清代學者陳澧的《東塾讀書記》中，對於孟子的「性善」有著如下的看法：

> 孟子所謂性善者，謂人人之性皆有善也，非謂人人之性皆純乎善也。其言曰：「惻隱之心，人皆有之。羞惡之心，人皆有之。恭敬之心，人皆有之。是非之心，人皆有之。」「父母之心，人皆有之。」「非獨賢者有是心也，人皆有之。」「今人乍見孺子將入於井，皆有怵惕惻隱之心。」「人皆有不忍人之心。」人皆有所不忍，人皆有所不為，孟子言人性皆有善明白如此。又曰：「雖存乎人者，豈無仁義之心哉？」「無惻隱之心，非人也。無羞惡之心，非人也。無辭讓之心，非人也。無是非之心，非人也。」其言人性無無善者又明白如此。公都子曰：「或曰：『有性不善，以堯為君而有象。』」孟子答之曰：「乃若其情，則可以為善矣。」此因有性不善之說而解其惑，謂彼性雖不善而仍有善。何以見之？以其情可以為善，可知其性仍有善，

〔註 8〕 見 D. C. Lau, "Theories of Human Nature in *Mencius* and *Shyuntzyy*", *Bulletin of the School of Oriental and African Studies* 15（1953），pp. 541-65.

是乃我所謂性善也。如象之性誠惡矣，乃若見舜而忸怩，則其性可
以爲善，可見象之性仍有善，是乃孟子所謂性善也。若論堯之性，
豈得但云可以爲善而以乎？蓋聖人之性純乎善，常人之性皆有善，
惡人之性皆有善而不純乎惡，所謂性善者如此，所謂人無有不善者
如此。〔註9〕

陳澧的這一段文字，即是對《孟子・公孫丑上》的「人皆有不忍人之心」這
一章而發的。從《孟子》的原文來看陳氏的觀點，其論「性善」爲皆有善而
非皆純乎善的觀點大體是正確的，然而，在最後的「聖人之性純乎善」一句，
則與最初之「非謂人人之性皆純乎善」一句矛盾，在本文中，劉氏依據《孟
子》中的原文，以爲這是陳氏的誤解，以孟子之原義，是人人之性皆有善，
而聖人是其中能在實際行爲中擴而張之者，並非其本性即純善者。亦即在孟
子之「性善」中，其所謂「善」，並非是說人性是「善」，而是指人性之中有
「善」的可能，而人所應該做的，便是將人性之中有的「善」付諸行動，使
之成爲眞正的「善」，而毋須經過外在的強力制約。相對的，在孟子的觀念中，
人之所以爲「惡」，是因爲外在的環境造成，並非本性使然。此外，孟子也有
人性爲天賦的觀念。

　　至於荀子，則與孟子同樣地有人性爲天賦的觀念，然而在荀子的論說中，
則是主張人生而有欲望的本能，並且必須群居方有機會滿足其欲望。在這兩
個前提之下，荀子在人性論方面提出「性惡」的論點，認爲人若不控制自己
的本性中的欲望，則會因爲欲望的過度擴張而與所共處的群體發生衝突，於
是便出現所謂的「惡」。若要防止「惡」的發生，則必須由外在規範——即聖
王所制訂的「禮」——來控制人本有的欲望，並予以適度的滿足。亦即要求
人遵守「禮」這一套人爲的規範，以之作爲行爲的準則，並在遵守這套規範
之下，取得自己應有之利益。

　　也就是說，荀子認爲人應該從「禮」的制約，來進行所謂道德修養。而
且，荀子認爲每個人都可以經由對於「禮」的遵守，使每個人自己的道德修
養達到聖王的境界（塗之人可以爲禹），就人人可以藉由道德修養而達到聖人
的境界這個觀念而言，荀子與孟子的想法是相同的。

　　若將孟子與荀子的人性觀點與其相應之道德修養論做比較，則可以發

〔註9〕　見陳澧：《東塾讀書記》卷三〈孟子〉（台北：台灣商務印書館，1997年），頁
　　　　27-28。

現，孟子與荀子雖然各自提出「性善」與「性惡」的觀點，但是他們並不認為人性完全是「善」或者是「惡」，相對的，他們只是認為人性中有發展出「善」或者是「惡」的可能，並因此各自發展出相應的道德修養理論：孟子以為人性中有發展出「善」的可能，所以人的道德修養便在於發展這個「善」的可能，使之成為思想行動的標準；荀子則是認為人性中有發展出「惡」的可能，所以人在進行其道德修養時，就必須遵守並學習一套外在的規範「禮」，以控制這些可能成為「惡」的因子，使之能在適度的控制下，讓人達到所謂的「善」。

此外，也應該注意「心」與「聖人」在他們的道德修養觀之地位。「心」對於孟子與荀子來說，都是道德修養的動力來源，然而在荀子的觀念中，「心」不但與「性」分開，而且在道德修養中起著控制沒有自制能力的「性」的作用，亦即荀子將「心」視之為一種對於「性」的制約；「心」在孟子的論說中，則與「性」之間沒有明顯的區隔，有時也可以視為一個整體，而孟子便認為在這一個整體之中，有某些因子可以發展出所謂的「善」，亦即未成形之道德觀念存在於人的「心」之內，所以，擴張在「心」——亦即在「性」——中可能發展出「善」的因子，便是進行其道德修養的主要原則。

「聖人」在兩者之觀念中，都視為一種先覺者，而在荀子的思想中，聖人創制了「禮」這個道德修養以及社會運作的標準，所以在人的觀念之中，聖人便因此具有成為聖人的資格，至於後來的人雖然沒有因為創制「禮」而成為聖人的機會，卻也可以從遵守並學習聖人所創制的「禮」，在道德修養上達到聖人的境界；至於孟子，則是將聖人視為道德上的先覺者，並進而提出人人與聖人同的觀點，鼓勵人人經由內在的自覺方式進行其道德修養。

總而言之，雖然孟子與荀子在人性方面各自提出「性善」與「性惡」不同的論點，但是他們並非主張人性為純粹的「善」或是純粹的「惡」，而是認為在人性之中各有可以發展出「善」或者是「惡」的因子存在，並提出相應的道德修養觀念：將「善」的部分擴大，或是控制其中可能成為「惡」的部分，進而各自發展出道德自覺和道德規範的理論，亦即兩人各自從對人性不同的角度的認知，進而發展出不同的道德修養方式，以達到同樣的道德修養的目的，可謂殊途同歸。

五、孟旦：〈荀子〉〔註10〕

孟氏在本文中以爲物質與欲求之間的供需平衡爲荀子對倫理學觀念討論的出發點，而人類特有的「分」、「義」等觀念則在其中發揮重要的作用。

對於荀子「性惡」的人性論觀點採取負面評價的傳統看法，孟氏並不認同，且以爲其論證有論據過少，以及學派成見作祟等缺陷。孟氏以爲，依據《荀子》全書中所有對於「性」的描述，顯然並沒有非常強調「性惡」在其學說中的地位，也不是將「性」視爲某種「惡」的存在，而是將其視之爲對人類活動的一種潛在的、中性的推動力，但其功能並不包括促成道德行爲。然而，因爲性本身也容許人參與社會組織，而使得其「心」的論點能在此發揮其作用。

對於「心」，荀子以爲其有「徵知」與「治」等功能，可以接納感官對外物的知覺，並依此做出對外界事物的選擇、引發以及制止等反應動作。所謂的「僞」也就因爲「心」的此項功能而產生出來，進而接納「禮」，使其調整、控制人的行爲與感情，消弭人的自然傾向與社會活動之間的衝突。

除此之外，孟氏還指出，荀子在政治思想方面也與孟子同樣認爲經濟問題是「惡」出現與否的一個重要因素。荀子於此處從重視欲求與物質供應的平衡來思索這個問題，並且主張以「禮」、「義」作爲控制欲望的方式；而在政治思想方面的主張，亦源自於對欲求與物質供需平衡之觀念。孟氏於此特別指出，荀子之思想核心，在於思索欲望與物質供應該以何種方式達成所謂的供需平衡，並非一般所以爲的「性惡」論。〔註11〕

第二節　荀子研究述要（二）

六、羅思文：〈「荀子」中的國家與社會〉〔註12〕

羅氏在本文的前言中，宣稱本文的寫作動機是因爲作爲哲學研究領域之一的中國先秦思想，並沒有受到當時學界應有的重視，所以企圖從對《荀子》

〔註10〕見 Donald J. Munro, "Hsün Tzu", in *The Concept of Man in Early China*（Stanford: Stanford University Press, 1969）, pp. 77-81.
〔註11〕同前註，頁 89-90。
〔註12〕見 Henry Rosemont, Jr., "State and Society in the *Hsün Tzu*: A Philosophical Commentary", *Monumenta Seria* 29（1970-1971）, pp. 38-78.

中的國家與社會觀念的研究，引起學界對先秦思想的注意。〔註13〕

在本文中，羅氏認為荀子的理想世界是一個完全以「禮」作為所有階層運作規範的國度，並從五個方面來解析荀子對這個理想國度的規劃：

（一）地理與族群

不同於柏拉圖在《理想國》中所呈現的「城邦」觀念，荀子的理想國可以包含其他非中原居民的族群，而只要他們同樣遵守「禮」對於他們在階層地位上的規範。

（二）經　濟

荀子在這方面的主張與其他儒家學者相近，在資源開發與分配方面，要適度開發，而在分配上，則以「禮」作為分配的標準。對於商業貿易，則與其他儒家學者一樣，認為應該予以流通，並適度給予方便。在這裡應該注意的是，荀子在這方面的論說完全以當時的經濟情況作為考量的出發點。

（三）政治制度

荀子主張完全以「禮」作為政治體系的運作準則，政府官員應該以「禮」作為治理人民的準則，並在施政上以不違反「禮」為原則，對於各種突發狀況作出適度處置；且政府官員的任免，也應該以「禮」的遵行與否作為考量的標準。

（四）社會結構

在荀子以「禮」作為運作準則的社會裡，階層制度的設立是必然的，荀子也以為一個以「禮」作為運作規範的階層社會，不但便於統治，也使個人能以自身的身分獲取其應得之利益。

（五）「禮」與教育

在荀子的思想中，「禮」是生活規範的依據，所以，對於下一代的教育，也應該注重在「禮」的教導，使其能夠完全以「禮」作為其價值標準。

從以上的敘述可以看出，「禮」是荀子構建其理想世界的根本，對此，荀子也有其他的配套措施，即是能感化人的「樂」，在兩者的配合之下，能使「禮」的正面作用完全發揮出來。

至於荀子的理想世界是屬於何種社會型態，羅氏則以社會學家 Karl Popper

〔註13〕同前註，頁 38。

的著作《開放社會及其敵人》一書中的觀點作爲衡量的標準。在 Popper 的觀點中，所謂的「開放社會」是指信仰自由、擁有最基本的民主、承認個人獨立以及理性的社會；而「封閉社會」則是單一信仰、獨裁、集體的以及非理性的社會。其所謂的民主，是指政權能夠和平移轉，而獨裁政體顯然做不到這一點；而集體的社會則完全以集體的利益爲考量，而犧牲某些個體的利益；至於「理性」，則是從接納各種不同的觀點，從中思考出一種適合當時情況的解決方法之態度，這也是 Popper「開放社會」中，最爲重要的一個特徵。

羅氏也提到，Popper 該書之理論是以近代西方思想與社會環境爲基礎，而荀子則是處於先秦中國，在理論的環境基礎上便有近代工業與傳統農業之分，對於價值觀的認定有著極大的差距，這一點是不能不注意的。

羅氏以爲，雖然在荀子的政治學說中，對理想國度之運作賦予了一定的理性精神，但是以 Popper 的觀點來看荀子的理想世界，其以「禮」作爲社會運作及價值觀的唯一標準，以及由統治階層掌控價值觀在社會的運用這些觀點，無疑是比較接近 Popper 的「封閉社會」之條件。然而以當時的環境條件來說，荀子的論點已經盡可能的考慮到政治制度在各方面最理想的運作方式，而他在這方面的論說，也是在當時所能出現之政治學說中較爲完善的。

七、Lee H. Yearley：〈荀子論「心」〉〔註14〕

Yearley 以爲在荀子有關心論方面的理論，有明顯的融合儒家與道家理論的痕跡，尤其是孟子與莊子在這方面的見解，所以他從荀子在心論這方面的理論，來討論荀子在融合孟、莊在心論方面的見解後，又有什麼樣的變化。

荀子在心論中有兩個重要假設，其一是心有主導行爲的能力。Yearly 指出，在荀子的觀念中，人的本性只有爲了滿足生理欲望的欲求，並沒有孟子所謂的善端存在，爲了要控制人性本有的欲望，不使它有過度行爲的出現，則唯有以心來節制。就此而言，荀子對心在這方面功能的設定，是以理智的心來主宰人的行動，這種觀念與孟子以道德心來主導人的行動，使之能夠符合善的想法頗爲接近。然而荀子具有主導能力的心，是以克制欲望爲其主要作用，與孟子將具有主導能力的心專注於道德的發展，在運用方向上有著明顯的不同。

〔註14〕見 Lee H. Yearley, "Hsün Tzu on the Mind: His Attempted Synthesis of Confucianism and Taoism", *Journal of Asian Studies* 39.3（1980）, pp. 465-480.

荀子對心的另外一個假設是：心在保持「虛」、「壹」、「靜」的情況下，有觀照事物的能力。這又與莊子的「無爲名尸，無爲謀府；無爲事任，無爲知主。……盡所受乎天，而無見得，亦虛而已。至人之用心若鏡，不將不迎，應而不藏，……。」（《莊子・應帝王》）有相似的地方，然而，荀子在這裡又與莊子有著迥然的差異：荀子與莊子雖然都主張心應該在保持「虛」、「壹」、「靜」的情況下觀照事物，然而，莊子的觀照，則是主張「心」不應該爲外物所牽絆，並完全抱著一副旁觀者的心態，來觀察事物的所有姿態；而荀子的觀照，則帶有辨明事物價值的目的。與莊子相比，荀子的觀照雖然也同樣的強調不爲外物影響其客觀性，然而在運用的目的以及態度上就帶有較爲濃厚的入世思維。簡單的說，荀子是將其觀照的心積極運用在道德修養上。

可以這麼說：荀子的心是一種以其所認知的知識來決定行動的價值，並擁有觀照事物能力的主體。也就是說，荀子的心既具備孟子心的主宰功能，又擁有莊子心的觀照功能，但是，荀子心的主宰能力不如孟子來得強，其觀照的目的又比莊子來得積極。所以這個「心」就可以用來認同「禮」的眞理性與規範性，並以爲道德修養的標準。

八、柯雄文：《倫理論辯：荀子道德知識論的研究》〔註15〕

柯雄文的這部著作於 1985 年由夏威夷大學出版，是美國自 1927 年德效騫 Hsüntze 出版以後，美國荀子研究的第一部專著。本書是針對荀子在倫理學方面的論辯方式做分析，全書一共討論四個主題：

（一）表現之風格與勝任的標準

柯氏在此討論荀子有關「倫理論辯」方面之論述。首先，就參與論辯者應有的態度：非敵對式的辯論、互相尊重、應有的禮儀，以及所謂的「仁心」、「學心」、「公心」等進行討論，並將這些視爲「表現之風格」，且認爲這些觀念有助於維持論辯的秩序，而不至於使彼此的論辯時常因故中斷。其次，便是「勝任之標準」。這是論辯之重點所在。爲了使對方能夠心服口服，論辯者自身則必須注意在觀念上保持清晰與一貫，以及使用當時共通之語言意義，

〔註15〕Antonio S. Cua, *Ethical Argumentation: A Study in Hsün Tzu's Moral Epistemology*（Honolulu, Hawaii: University of Hawaii Press, 1985）.

和是否合乎「理」——即所謂的「辨合符驗」，以使自己的意見可以爲對方所接受。而這些項目綜合起來，即是倫理論辯之技巧與策略，然而，這些技巧與策略的運用不能違背「表現之風格」的要求。

（二）論辯的階段

荀子「正名」的觀念承自孔子，並重視「名」在社會與政治上的作用，而其在「制名」的觀念，則主張應該符合情勢的需求，再經由官方來確定，並認爲其間應該以「約定俗成」作爲「制名」的標準。然而，在論辯過程中，原本對於意義的規範難免會出現不敷使用的情況，於是便以「命」、「期」、「說」、「辨」來補充其原本不足的地方。柯氏以爲，「命」可以解釋爲限定名之所指，「期」則是尋求彼此在語言理解上的一致，「說」與「辨」則近乎解釋與證明，而這些方式的運用各有其前提與條件限制。至於所謂「推類」的運用，則是在「說」與「辨」中，依據以往的經驗，針對倫理問題，以一貫的理路，正確的進行對於事物的分類與敘述。必須注意的是，荀子「推」的觀念接近於對事物的思索與推測，與現代對於「推」的「推理」觀念有所差別。

（三）倫理推理與定義上的使用

倫理推理在本質上是探求價值之意義與重要性，然而其所探求之「道」並不是一種期望，而是一種道德發展的指引。荀子在這方面的運用，則是讓人在各個情況下能以對「道」之具體意義的思考與決斷上的「以義變應」求得行爲上的圓滿。荀子將其倫理推理運用於定義上，是以「謂」的四種句式來處理，即「所謂」、「可謂」、「之謂」、「謂之」四種句式：

1. 所謂　這個語詞可以解釋爲「什麼被稱做某物」以及「什麼可做某種意義的解釋」，此種用法可以當作是提出某些標準來對認知做評價，亦即用來作爲標準設定之判斷。

2. 可謂　這個語詞可以解釋爲「可以視爲」或是「可以被說成」，並傳達較爲確定的價值判斷，通常用於對各種道德成就的區分，而這種句式的運用在於體現修正型的定義。

3. 之謂　於柯氏的觀念中，「之謂」是指適切用名之必要條件，與「可謂」相比，其與「謂之」均帶有較強的判定性質，在運用上稍稍複雜，而與「謂之」的作用亦頗爲接近。

4. 謂之　這個句式則是同時指必要條件與充分條件在於名的定義,與
「之謂」的作用相近,但是比「之謂」具有更大的判定意味,
而它們於功用上的差別,在於「之謂」往往運用於結論,而
「謂之」通常用於前提。

(四)對於錯誤信念的評斷

在荀子的思想中,「正名」觀念的提出,是基於他在「心」方面的理論,
而對道德觀念的歧異做出的回應。荀子在這方面的理論提出「心」有知慮的
功能,而人可以在「心」的「清明」的狀態下對於「道」有客觀而全面的認
知,相對的,也會因為某些方面的主見與偏見而對事物有錯誤的認識,也就
是所謂的「蔽」。至於因為「蔽」而產生的「惑」,荀子認為有「用名以亂名」、
「用實以亂名」以及「用名以亂實」三種,而他對於這三種「惑」的破解,
則以建立正確的名實觀念來進行。儘管他在這方面的理論不見得完全正確,
但從中也可以看出他對這種會牽涉到價值判斷的問題非常關切。

此外,柯氏在本書中也提出一個觀念:在荀子的思想裡,「道」才是最主
要的部分,「仁」、「禮」、「義」則是其中的不同範疇。雖然「禮」在荀子的思
想中相當重要,但是若將「仁」、「義」以及其他道德觀念統攝在「禮」之下,
則荀子在論辯中對「仁」、「義」等觀念的類比就是一種無意義的舉動,而且
也很難解釋為何在〈解蔽〉與〈正名〉兩篇之中,荀子會提出以「道」做為
言論、思想與行動的最終標準。〔註16〕

柯氏著作本書的目的是以《荀子》一書中的相關資料為基礎,去討論荀
子的倫理論辯。這個討論包括了表現的風格、勝任的標準以及論述的面相。
在討論論述後三個面相所可能產生的困難時,柯氏也同時處理荀子在說明名
詞的意義時所使用的「謂」,這同時也解釋了荀子正名論的概念,接著,又探
討其實用的面向,也就是錯誤信念的評斷方式。在本書中,柯氏積極尋求能
夠一貫地理解在荀子思想中某些具有哲學意涵的部分,特別是有助於證明倫
理信念的部分——這也是當時道德知識論的重要課題。在結論中,柯氏對倫
理論辯的討論,基本上是關於要素的選擇性議論,至於這些要素的結構性關
聯以及有關個別論辯的分析型式等問題,就沒有進行處理。柯氏以為:一個
令人滿意的理論不一定要適當地處理這些複雜的問題。不過,若能有一個統

〔註16〕柯氏在此處將「道」視為荀子學說中的「共名」,而「禮」、「仁」、「義」等則
　　　　為其中之「別名」。此說見同前註,頁 162-163。

一的觀點或是合理的一貫性來支配論述，則基於實踐的目的，這些問題或許可以在實際的論述情況中獲得解決。

九、柯雄文：〈早期儒學中歷史之倫理運用：以荀子爲例〉 [註17]

柯氏以爲將歷史的記載以及它們在人們腦海中的印象運用在倫理學方面的論辯，是先秦儒學的特色之一。在本文中，柯氏將先秦儒學中歷史的功能：教化、修辭、闡述、評價等在荀子思想中所蘊涵的倫理學方面之論辯作用做一評述。

（一）教　化

毋庸置疑的，先秦儒學思想中有很濃厚的道德教化色彩，而先秦儒學的歷史觀也因此擁有所謂的教化功能。在荀子的歷史觀中，教化的功能主要是在於「示範教育」的作用，即以歷史上對於各種人物的記載與評價，來提示人們在道德學習中應該做出什麼樣的選擇。這種較接近委婉的說服而非強迫性的教訓，使得教化的功能可以在論辯中發揮選擇性的功用，而不只是單一的舉例而已。

（二）修　辭

此一功能在於使聽者由於對某種史實的共同認知，讓論辯者不必爲其論點一再的提出證據。換句話說，這一功能在於使某種預定之價值觀的可信度，可以在論辯中對聽者的心理產生作用。在荀子的論辯中，較常用的是「自古即今」一辭，儘管荀子對於歷史的認知還有待商榷，但是它在荀子的論說中僅是一種技巧上的運用，並不能保證其論點一定會被聽者所接受。

（三）闡　述

在荀子的論辯中，此一功能主要是在推論上發生作用，以釐清判準或是判準與一些基本概念的區分，有時也是兩者並用。也就是說，即是藉由對歷史事件的引用，在道德上的判斷與行動上起著指引的作用。

（四）評　價

與前三者不同，此項功能主要應用在對歷史事件的回顧，而作出具有倫

〔註17〕　見 Antonio S. Cua, "Ethical Uses of the Past in Early Confucianism: The Case of Hsün Tzu", *Philosophy East & West* 35.2（1985）, pp. 133-156.

理價值的論斷。在荀子的論辯中，這項功能是依據其對歷史的認知，而對史事以及現在的觀念進行評估。也就是說，此一功能除了具有消極的評估他人論點的作用之外，也可以積極地為自己的倫理觀進行辯護。荀子在此項的運用多聯結到他在禮、義方面的觀念，換言之，荀子對歷史的解釋也充滿了倫理教化的色彩。

柯氏以為，就荀子的歷史觀在倫理學方面論辯的運用，可以察覺到荀子對於歷史常常以道德的角度來解釋，而這種方式使得他對歷史上的人與事的判定都以自己的道德觀念來裁決。荀子這種表現，也可以解釋為何儒家的歷史觀中有濃厚的道德判斷的色彩。

十、史華慈：〈荀子：對信念的辯護〉〔註18〕

史華慈在本文中以「人性」、「社會與政治秩序」、「人與宇宙」、「錯誤的學說」四方面來討論荀子的學說：

（一）人　性

荀子的人性論與其從字面上的「性惡」來解釋，不如由主張「惡」是從感官與外界的接觸而發生，並否認人的本性有對「善」的自發傾向來加以理解。就此而言，荀子與孟子對於人性觀念的觀察角度並不相同，既然如此，荀子在修養方面的處理方式也就理所當然的與孟子相異——用「心」對事物所代表的意義的理解與判斷進行其個人的修養活動。從這方面來說，荀子的修養方式傾向於以理性的深思熟慮來達成，也因為如此，荀子並不會一味的以理想的價值理念排除欲望在日常生活中的合理性。雖然這樣的處理方式很有所謂的「功利主義」的味道，但我們並不能因此認定荀子的道德觀是一種「功利主義」的展現，只能說，在以理性的判斷為其道德修養的方式時，會比較容易考慮到現實的環境條件。而這種想法，也比較容易會接受以現實生活為考量的制度——「禮」——對自身行為的約束，並正視自身在社會中的地位。

（二）社會與政治秩序

主張以「禮」為國家秩序之基準，以及以理性的態度面對現實的想法，

〔註18〕見 Benjamin I. Schwartz, "Hsün-tzu: The Defense of the Faith", in *The World of Thought in Ancient China*（Cambridge, Mass.: Belknap Press of Harvard University Press, 1985）, pp. 290-320.

使得荀子在這方面的學說頗能接納法家思想中合乎「禮」的部分，以及所謂的「霸」的觀念。雖然他對於所謂的天可以讓理想國度興起這個想法不具信心，卻還是因爲學說立場的關係，使得他在這方面的論說仍然以儒家的「王道」觀念爲主軸，而對於當時所崇尙的「霸道」只能做有限度的接受。在政府的運作方面，則是由所謂的「君子」來主導，至於官員的任免，則以能否切實遵守「禮」的觀念爲標準。此一跡象顯示荀子可能有以官僚體系取代當時還存在的官職世襲制度的意圖，但是文獻中並沒有充足的證據可以證明荀子有這種想法。若將荀子在這方面的論點作一個檢討，則會發現荀子以「禮」作爲運作規範的社會或政體並不能說是完美無缺的，雖然荀子也有經由「禮」的教育而使人人都具備道德修養的計畫，卻也因爲這種方式的施行還必須依靠以「禮」爲標準的賞罰來規範人民，而使得荀子的理論在實踐上還必須有某種程度的妥協，不過，依據他在這方面的理論，以儒家思想做爲價值標準的理想世界還是有實現的可能。

（三）人和宇宙

荀子在這方面的思想無疑的有相當的道家色彩，然而他在運用這些觀念時，則將原本的價值觀倒了過來，認爲「天」對於人並沒有任何宗教與道德價值上的聯繫，而只注重自身的正常運作。單從這一點來看，則荀子在這方面的思維相當貼近於所謂的科學的人文主義。然而，他對於「天」的探討與研究僅限於實用層面，儘管我們可以在荀子的思想中看到他對於技術運用的認同，卻看不出他對技術發展的支持。這是因爲在他的思想中，解決當時社會的混亂才是重點。也因爲荀子對於人以及人爲的重視與肯定，使得他在他的名學中，對於墨家在這方面的努力有某種程度的認同。然而在荀子自己的學說中，則與墨家有著不同的主張：語言及其意義已經由古人以及聖賢所創造並予以建立，而墨家則主張尙有發展的可能。荀子也或多或少會運用墨家原來的觀點，爲自己的語言意義由人創造，而在長時間的約定俗成後，再經由聖人定型的論點進行辯護，並認爲這方面的所有問題包括其實際的運用已經獲得解決，所以他沒有像名家以及墨家一般繼續探討這方面的問題。換言之，他自以爲已經完全解決了這方面的所有問題。雖然荀子在這方面主張「天人相分」，但其思想中，「天」與人還是有其關聯，而人用來認清人與「天」之分界以及人自身的能力的「心」，在使用上還是與「天」有一定程度的聯繫，亦即「天」的影響力仍存在於人的「性」與「心」之中。至於人經由「心」

而對社會規範的創造,則是「天」的運行模式以世間的規範呈現。換言之,在荀子理論中的聖人,並沒有自行創造價值的能力。儘管「天」在荀子的學說中仍然具有相當大的影響力,但與孔子和孟子相比,在荀子理論中的君子,於實際情況的判斷下,還是具有相當高的自主能力,而在遊說君王施行其政治理論時,也比理想色彩濃厚的孟子來得靈活而且容易妥協,最不濟,也可以自處於類似道家的「清明」之「心」中。

(四)錯誤的學說

荀子在對當時的其他學派的批判中,以為那些思想家之所以在其思想學說中出現謬誤——也就是所謂的「蔽」——的原因,在於偏重發展他們所認為的正確觀念,而沒有注意到這樣的偏重發展也會導致他們的觀點出現偏差。在〈解蔽〉與〈非十二子〉中所提到的其他學派的思想理論,便是對人情與現實制度有一定程度的曲解,而他們在觀念上的錯誤,則在於對當時整個大環境缺乏整體性的認知。也就是說,所謂的「蔽」,即是因為對當時整個大環境缺少全面性的觀察,又過度偏重於某些觀點,而產生出來的弊病。而這種思維,也使得荀子相當自信自己的學說才是當時最通達的。

在本文的最後,史氏指出,雖然荀子對於自己信念的推廣與捍衛做出了相當大的努力,然而,在當時的大環境下,統治者所追求的是更為實際的東西,而荀子的學說顯然不能滿足這個條件,其弟子李斯在之後的所作所為,也顯示了荀子的努力終歸失敗的事實。

第三節　荀子研究述要（三）

十一、Robert Eno：〈作為一種自然藝術的禮:天在「荀子」中的角色〉[註19]

Eno 在本文一開始,便指出〈天論〉一文,為荀子於「天」此一思想範疇論說之核心,並以為荀子在建立一個完全以人為制度——「禮」——為主導的道德修養觀念時,必須先否定「天」能在道德修養理論中發揮作用。其中

[註19] 見 Robert Eno, "Ritual as a Natural Art: The Role of T'ien in the *Hsün Tzu*", in *The Confucian Creation of Heaven: Philosophy and the Defense of Ritual Mastery* (Albany: State University of New York Press, 1990), pp. 131-169.

最爲有用之工具在於所謂「自然天」的觀念，並透過它來否認天有其意志，能對人之意志有所影響。然而當時自然天的觀念並不普及，他以自然天之觀念爲理論基礎，建構完全以人類自身之能力以及人類自身所創立的制度所進行之道德修養理論，此一做法，使得他成爲先秦儒家思想中的異類。

Eno 將本文分爲四個部分來討論，以釐清《荀子》一書之來龍去脈，並解析天論在荀子學說中之地位及其特殊性。

（一）文本的本質

Eno 指出，由於荀子之生平事蹟可以從文獻記載得知的部分相當少，所以其生卒年只能做大概的推估，不過大致可以認定其活動的時間在西元前三世紀，相當於中國歷史上戰國時代的末期，壯年時期曾經在齊國的稷下學宮活動過，被尊爲當時的頂尖學者，後來因爲戰亂的關係離開齊國，到其他國家遊歷，最後老死於楚國。

《荀子》一書各篇章是否全爲荀子所撰寫，很早便是研究者所注意的課題。最早爲《荀子》作注的楊倞就以爲今傳《荀子》的最後六篇不完全出自荀子之手，而〈儒效〉、〈議兵〉、〈彊國〉等篇的撰寫也肯定有其他人加入，完全爲荀子本人所寫定的篇章不會很多。也就是說，《荀子》一書是成於眾人之手。至於其內容思想，也不完全是儒家的學說，鑑於荀子自己的學術背景，其中也多少融入其他學派的思想。

（二）自然主義的挑戰

荀子的理論中自相矛盾的情況似乎並不少見，其中又以接納非自然生成、爲聖人所制訂的社會規範——「禮」來矯正人的本性之觀點最爲顯著。而從荀子企圖以自然天的觀念來化解此一矛盾的作爲，便可看出荀子之思想有吸納他派學說之處。至於所謂自然主義的理論，在道家中的莊子一派以及楊朱一派便已經提出。另外，根據《管子》、《呂氏春秋》以及《史記》等典籍的記載，稷下學派以及以鄒衍爲首的陰陽家也各在此一方面有所主張，其中莊子一派在這方面的論說便是荀子以自然天觀念抗衡子思、孟子一派學說的理論依據。不過，荀子也並非完全接納他們的論點，而是就自身的儒家思想爲篩檢的標準，取其有助於自身論據的部分。

（三）荀子學說之主題

Eno 認爲荀子一派的學說有五個重要的論題，並以此爲依據，證明其「禮」

之理論的可行性與論說上的說服力：

1. 對世間事物的分類

荀子在這方面的理論主要見於〈正名〉篇中，在荀子以「禮」爲主的思想中，這是相當重要的一個環節。荀子在這方面的判準，主要是以感官能夠辨別的特徵作爲對事物分類的依據，以之作爲分別「同」、「異」的基準，荀子在這方面的理論都以此作爲基礎。應該注意的是，其「分」的概念也有一部分是從這裡衍生出來的。

2. 社會形式的自然條理

在荀子的觀念中，理想中的社會群體運作必然是以聖王所制定的「禮」爲運作的準則，其間，當然也可以運用「樂」的觀念作爲配套措施，使得「禮」的運作更爲流暢，更符合所謂的「道」的觀念。荀子在這方面的理論中，幾乎排除了「禮」的宗教性意義，而專從「禮」在人際關係上的作用進行論述。

3. 人性之無用

荀子在這方面的理論是從人的「本性」，亦即天賦的、與其他生物相同本能著眼，而提出「性惡」的觀點。所以，在荀子的觀點中，藉由對於人性的追求而尋求道德善是不合理的想法，人若要達到善的境界，則必須依照「禮」的約束。Eno 指出，荀子在這一方面的修養觀念，有一部分是受到道家思想的影響，而荀子又將這些得之於道家的觀念，轉化爲合乎儒家觀點的論說。

4. 教化成聖

人若要經由修養而達到善的境界，接受聖王所制定的教義是相當重要的途徑。在《荀子》一書中，便反覆強調人應該依據其本有的「心」的認知能力，並經由對聖王所遺留下來的典籍與制度的學習與實踐，來進行修養成德的功夫。在這種學說中，「天」的地位幾乎被排除，而完全以人爲的能力爲考量。

5. 人在天人關係中之地位

在荀子的觀念中，天被定位爲「自然天」，對人的行爲不具有監察與影響的能力。雖然在對人民的治理上仍需要保留對天的敬仰觀念，但是在行事上，便不需要顧慮到信仰上的限制。荀子的這種觀念，可以說是在強化人在天人關係上的主動性，提昇人在天人關係中的地位，從而使人能完全依循聖人所制定的「禮」，並促使人憑藉者對自身的能力的肯定，而毫不猶疑地依靠自己的能力走上成德之路。

（四）荀子關於天的論說：〈天論〉

Eno 以五點來解析荀子在〈天論〉中對於「天」的觀念與理解。

1. 作為非目的性的自然天

荀子在〈天論〉第一部份中便指出天的自然性，以為其與人事上的禍福沒有關係，以此切斷天與人類行為在道德觀念上的聯繫，否定天在道德上的意義。

2. 作為規定之心理狀態的天

荀子認為人的感官知覺與欲望是天所賦予的，而心對這些感官知覺的統轄，以及對情欲的約束也跟天牽上關係，並認為若能使心處於最佳狀態，並使其對於感官知覺的運用以及情欲的滿足控制得恰到好處，也是順應人的天性。

3. 與天地參

Eno 以為，將《荀子》其他篇章的相關內容與〈天論〉之論述相參照，則可以知道荀子認為若能使「禮」在人類社會中完全發揮其治理的功用，則可以與一般所崇敬的天與地在各自的自然運作上取得同等的地位。

4. 作為歷史的推動力的天

在荀子「自然天」的觀念中，天之運作的非目的性是其中相當重要的觀念，荀子便藉此否定了天在道德理論中的地位。然而在《荀子》中，並不是全然的貫徹此一認知，在某些地方還是受到儒家思想本有觀念的影響，保留了天對某些道德觀念和人事運作的影響力，而在這些屬於少量的文字敘述中，就不能以自然來解讀這裡的觀念。

5. 其他的天

除了以上的敘述之外，《荀子》書中尚有以其他觀念理解的天，不過，這些觀念大致可以包含在儒家思想對天的理解之中。

Eno 在本文的結語中指出，荀子以「自然」定位「天」之意義的做法，很明顯的與《論語》、《孟子》中的觀念不同，但並不能說「自然天」的觀念為荀子所創，而是將它看成是荀子以自身之「禮」之理論為基準而對道家天論的改造，其主要作用在於使人自身之能力在道德修養理論中取得更有力的地位。然而，「自然天」的論說並不是荀子天論的全部，其間尚有儒家原有天的觀念點綴其中，雖然如此，這些觀念的運用目的，還是為荀子「禮」的觀念作理論上的依據。

十二、倪德衛：〈荀子與莊子〉 〔註20〕

倪氏在本文一開始便指出，在荀子的道德修養理論中，語言的定義扮演著相當吃重的角色，原因在於荀子以「禮」為主之道德修養理論是從對於外界事物的正確判斷，而接納、學習「禮」此一外在規範的約束，然後藉此以進行道德修養而達到所謂的善。

荀子在其心論觀點中，認為「心」在其中扮演著「觀照者」與「主導者」的雙重角色，其中對於「主導者」的定位與孟子心論的主張大致相同。雖然荀子並不認同孟子「性善」的主張，但是對於「心」在道德修養理論中的主導作用與地位，則有相同的認知。

在所謂的「槃水之喻」中，荀子所展現的「觀照者」之觀念則與莊子的觀念頗為近似，應該可以說，荀子在這方面接納了莊子的理論。而荀子在接納了後者的理論之後，便將它與上述「主導者」的觀念組成一個同時具有兩種功能之「心」的理論。

這個融合二家之長的理論，與其兩個源流顯然有所不同，其中又和莊子的觀點差異最大。倪氏以為，原因在於兩者在對此「觀照」之心運用的態度。對此，倪氏參考了法國漢學家馬伯樂的研究成果，認為莊子在此處承襲了楊朱學派的思維，以順應自然以及對於人類群體的純粹旁觀——即所謂「出世」的姿態——作為其運用「觀照」之心的態度。至於荀子，雖然在此一思想範疇中採納了莊子「觀照」之心的思維，但是在運用的態度上，則採取入世的姿態，以一冷靜的觀察來全盤理解各個事物的全貌，然後以主導者的姿態，使其能夠在道德修養以及事務的處理方面能夠發揮積極的作用。換言之，是否積極的參與社會事務，便是二者之間的差異所在。

十三、陳漢生：〈荀子：實用主義的儒學〉 〔註21〕

在本文中，陳氏首先介紹荀子的相關事蹟以及生平背景，接下來便談到後來學者對荀子的認知。陳氏認為，後來的學者均發現荀子的學說有融合當

〔註20〕 見 David S. Nivison, "Hsün Tzu and Chuang Tzu", in Henry Rosemont, Jr. ed., *Chinese Texts and Philosophical Contexts*（La Salle, Ill.: Open Court, 1991）, pp. 129-142.

〔註21〕 見 Chad Hansen, "Xunzi: Pragmatic Confucianism", in *A Daoist Theory of Chinese Thought: A Philosophical Interpretation*（New York: Oxford University Press, 1992）, pp. 307-334.

時各家學說的痕跡，但他們最在意的，反而只是荀子爲什麼在某些主張會與孟子有所歧異。陳氏以爲，這樣的著眼方式會對荀子學說的理解出現偏差。

陳氏在本文中指出荀子思想中有以下幾個重點：

（一）自然主義

荀子的思想與莊子較爲相近的地方，在於它們對於「天」的概念都抱持著「自然天」的想法。不過，荀子將他的「自然天」的觀念轉移到政治與道德修養等方面，並肯定人在天人關係中的主動性，以及「禮」在人的社會行爲方面的重要性。他這麼做，固然肯定了人自身的能力，卻也在某些方面削弱了道德修養在人類生活中的必然性，也使得他的思想成爲儒家向法家的過渡。

（二）經濟思想

荀子以爲只要依循「禮」的規定，在環境的開發與物資的供需上就不會出現如同墨家所擔心的物資不敷使用的問題。

（三）關於人的一系列概念

在這一項目底下，包括荀子在人性論、心論等有關道德修養的理論。陳氏以爲，荀子的思想援引了道家學說，卻又與道家思想有所不同的原因，在於荀子將他所援引的道家思想運用在道德修養的相關理論上面。除此之外，陳氏也認爲荀子在道德修養方面的觀念與西方的思想家頗有雷同之處，其中最著名的就是他依據心的認知作爲道德修養的重要依據的觀念，而這個觀念，與西方哲學中的「以智達德」的觀念相當接近。當然，也必須知道荀子之所以提出這種想法，是因爲要使人們更能接受「禮」這個外在規範對人類行爲的約束，因此，荀子的思想雖然本於儒家，卻也發展出一套重視名學的道德修養理論，這又與後期墨家在名學方面的思想有所交集。

（四）正　名

在荀子的道德修養理論中，對事物的認知佔了一個相當重要的地位。然而他在這方面的理論與當時其他各家最大的不同，在於他偏重道德修養，以及社會行爲上的運用。換句話說，荀子的名學觀念是爲他的中心思想——「禮」服務的。

在點明這幾個荀子學說中的要點之後，陳氏用了相當多的篇幅來解析荀子在語言思維方面的觀念。在此之前，陳氏在其著作《古代中國的語言與邏輯》中，便已經指出荀子雖然將語言的主要功能運用在道德和政治兩個方面，

然而，他在語言方面的論點也受到當時其他學派的影響，而注意到語言的描述功能，並在其名學理論中建立了「約定論」式的觀點。就其名學理論在其學說中的重要性而言，陳氏以為荀子是先秦儒家中最重視語言思維的。〔註22〕

在本文中，陳氏對於荀子名學作了如下的論析：

（一）就名的定義工作而言，遵守約定俗成的原則，也就是以約定論的方式來主導制名的問題；

（二）其制名之三項標準「所為有名」、「所緣以同異」和「制名之樞要」則以感官對於外界事物的認知為分類之基準；

（三）主導制定語言定義的工作，由政府來負責，且由政府管轄其相關之業務，務必要控制住語言意義的統一與新設，以防止或消弭名實相亂的情況出現；

（四）其目的集中於處理與性－心之理論相關的名之問題，並確定這些名或語詞的涵蓋範圍；

（五）荀子雖然接納名家與後期墨家等其他學派在名學方面的部分理論，卻不完全認同其學說，他更以對秩序的要求以及政治的眼光來看待這些論題，並且採取排斥的態度。

在人性論方面，陳氏以「人性為惡？」為標題，討論荀子學說中的道與欲望的概念。陳氏以為，就「道」的觀念而言，荀子與向來被視為儒家正統的孟子的想法相去不遠，而荀子的思想之所以被後來的理學家們所大加批判，在於荀子在道德修養方面的討論中正式承認欲望在人性中的地位，以便於強調「禮」在道德修養中的重要性。也就是說，與其認為荀子在人性論方面主張人性本惡，倒不如說荀子以為人性中有傾向惡的部分，所以需要人為的規範——即荀子所謂的「偽」——來控制，以達到他所認為的「善」的境界。也因為荀子相當重視「禮」在人文環境中的重要性，所以他的「道」的觀念，尤其是在「人道」的部分，更強調「禮」對於「道」的促成作用。

陳氏在本文中也提出，荀子的心論主要是強調「心」在認知、判斷方面的作用，而這種觀念也與儒家的孔子、孟子並沒有太大的差異，不過，荀子為了使「心」的認知與判斷這兩個作用能夠完全發揮出來，又採納了莊子「虛」、「壹」、「靜」的觀點，使得荀子的心論在融合儒、道二家的思想之後，

〔註22〕見 Chad Hansen, *Language and Logic in Ancient China*（Ann Arbor: The University of Michigan Press, 1983）, pp. 78-81.

形成一個具有綜合性色彩的學說。

十四、萬白安：〈孟子與荀子：兩種人類動力的觀點〉〔註23〕

　　萬氏著作本文之目的在釐清孟、荀二人從人性論上的不同觀點，而發展出的兩種不同修養論。

　　萬氏指出，孟子與荀子在理論上的歧異，一般以爲是人性論方面「性善」與「性惡」兩種不同主張所造成的，若要再繼續追究下去，則他們在理論上根本的歧異點在於道德修養模式上有著內求與外求兩種不同的主張。主張內求的道德修養理論，必須先肯定人性之中具有有待開發的道德潛力，而後才能推展其理論；而主張外求者，則須先否定人性中有所謂的道德潛力，而後再透過外在的規範來進行道德修養。亦即道德修養之觀念與方式在立足點上的不同，使得他們對於同一個思想範疇有著不同的理解。

　　在人性論方面主張「性善」的孟子，以爲人之所以爲惡，在於人並沒有去發展人性中含有的道德自覺，且任憑人類的生物本能發展，所以孟子以爲道德修養的根本在於發展人性中本有的道德自覺，即所謂的「仁」、「義」、「禮」、「智」，而在體認到這些人性本有的道德自覺之後，將之擴充爲所有行爲與價值觀之標準。換句話說，孟子認爲人本身便存有道德價值判斷之潛能，並肯定人可以藉由「內省」之方式，激發出人類本有的道德判斷之潛能，並以爲人之道德修養，則是將這些觀念付諸行動。

　　至於荀子所主張的「性惡」，則著眼於人性之中僅有情欲的存在，從對情欲的省察並不會激發出所謂的道德觀念——亦即在行爲上做出「可」的判斷，此一判決只有心才能做得出來。此一觀念與文獻中所記載的告子之人性論同樣承認人性中有情欲——也就是所謂的「惡」的根源——的存在。然而，兩者在這方面的理論並不相同：告子尚以爲人性中的善與惡是相混雜的；荀子則完全否定人性中有善的可能，而只有情欲的存在，所以，他以爲人應該藉由外在規範——「禮」以及其他相配套之人爲措施——的接納、學習與浸淫，作爲其道德修養之必要途徑，以達到所謂的善。

　　換言之，孟、荀二人對於修養的途徑有著不同的主張：孟子肯定人有道德自覺的可能與能力，所以，他主張以「內省」作爲道德修養的方式；而荀

〔註23〕見 Bryan W. Van Norden, "Mengzi and Xunzi: Two Views of Human Agency", *International Philosophical Quarterly* 32（1992）, pp. 161-84.

子否定人性中有道德自覺的可能性，認為若要向善發展，唯有從對外界事物價值的正確判讀，並以「禮」作為道德價值之標準，方有可能。

十五、Edward J. Machle：《「荀子」中的自然和天：『天論』研究》〔註24〕

本書乃美國漢學界在荀子研究方面的第三部專著，其內容乃針對《荀子》及其中的〈天論〉，並分成九個論題來加以探究：

（一）「自然」與「天」

Machle 在統整《荀子》中有關「天」的觀念，以及其他研究者對《荀子》的探討後，認為荀子在這方面的思想可以歸納為六點：

1. 將當時所認為的「超自然現象」視為自然界的普通現象。
2. 以為「天」或「自然」對人類的道德觀念沒有影響。
3. 以為「天」即「自然」，亦有其運行之規則。
4. 人類可以任意開發自然界中的所有資源以供利用。
5. 刻意貶低「天」的地位。
6. 文明皆是人類在利用自然的情況下產生（強調人為的作用）。

（二）最近的論著

與其他的研究範疇相比，美國漢學界在荀子研究方面的論著並不是很多，其中最早的當屬德效騫的翻譯與著作，後來較有名氣的，則是 Watson 的翻譯、羅思文在 70 年代初期發表於《華裔學誌》的一篇探討荀子政治思想的論文，以及柯雄文的《倫理論辯》等，而這些論著對於「天」的理論的探討，Machle 認為，以 Robert Eno 的研究較為深入。依照 Eno 的觀點，儒家在「天」方面的理論尚保存著中國原始文化的概念，也就是說，儒家「天」的觀念還有幾分宗教性的色彩，然而這種觀念在荀子的思想中大部分都被過濾掉。荀子這樣做的原因，當然不排除是受到其他思想學派的影響，然而最主要的因素，應該是為了鞏固其自身的主張——「禮」——的關係。

（三）一些哲學上的問題

Machle 在這裡從「宇宙論」、「天人關係與聖王」、「語言及其運用」和「階

〔註24〕Edward J. Machle, *Nature and Heaven in the Xunzi: A Study of the Tian Lun* （Albany: State University of New York Press, 1993）.

層觀念」四個角度討論荀子「天」的觀念。

1. 宇宙論

在荀子的觀念中，「天」只是自然環境的另一個代稱，雖然對人的行為沒有任何影響力，但從相關的論述中，可以看出荀子也接受了部分當時的宇宙論觀點：自然萬物均由「氣」組成，而萬物的運行均受到「陰」與「陽」之運轉的影響，至於人在最初的生成也不例外。然而，除此之外，荀子並不認為「天」對人還有其他方面的影響。

2. 天人關係與聖王

在信仰方面，「天人關係」表現在所謂的「社稷」的祭祀，而在對「社稷」的祭祀以及相關活動之中，也可以看出人對天地的崇敬。然而，在荀子的理論中，所謂聖人應該將這些活動視為一種單純的儀式，或是安撫民心的一種手段，不應該過於沉迷其中的神秘意涵，而應該將注意力集中在群體的治理上。

3. 語言及其運用

Machle 以為，每個不同的時空環境下，都會有不同的語言與觀念的運用方式，在荀子的時代也有其異於其他時代的語言及觀念的使用方式，甚至於荀子本人，在這方面也有不同於其他同時代思想家的觀念。在荀子的觀念中，語言之運用與觀念的定義是相當實際的，應該說是完全是以當時人們對外界事物的一般感覺——或者可以說是常識——做為界定的標準，這與其他思想學派對於語意的省思之間有著極大的差異，從這裡也可以看出荀子對於無關實際的事物並不關切。

4. 階層觀念

一般認為先秦的社會型態可以用宗族社會來概括，而其階層的區分，也大致以血緣關係的親疏遠近為標準。Machle 以為，在這種階層劃分方式中，「天」因為信仰的關係而佔有一定的地位。然而，在荀子的時代，這種階層的劃分方式已經被打破，在重新區分階層觀念時，荀子將「天」排除在他的階層觀念之外，完全以人類社會的政治體系來劃分，並強調所謂的「君子」——即統治階層——在人類社會中的主導地位與重要性，將「天」的觀念與人類社會之間的關係做出清楚的劃分。

從上述的討論中，可以看出，重視實際與人為的荀子，對於偏離實用以及具有否認人為能力色彩的思維均不表認同，而其重視實際與人為的觀念，

在當時已經是相當特出。

（四）〈天論〉

Machle 以為，經過劉向、楊倞等人重新整理、排序後的《荀子》，大抵即是荀子一派的思想文獻中較為主要的部分，也是如今所呈現的面貌。〈天論〉在《荀子》中的排序，也是經過更動，才呈現今日的樣貌。有趣的是，在《荀子》一書中，也有一些篇章是以「○論」的文字呈現，如〈禮論〉、〈樂論〉、〈正論〉等，而這些篇章也如同它們的篇題，以「禮」、「樂」、「正」等作為這些篇章討論的主題，而〈天論〉也跟它們相似，以「天」做為該篇議論的主題。另外，就內容而言，Machle 也整理之前學者的研究成果，認為〈天論〉篇中的「大天而思之，……故錯人而思天，則失萬物之情。」一段文字濃縮了荀子在「天」這方面的主張。

此外，Machle 也對《荀子》一書提出以下的意見：

1. 《荀子》一書乃是以荀子為首的學派的共同作品，所以其中的部分文章所展現的思想也有可能是對荀子原來學說的改進。
2. 從篇章的用語來考察，在〈賦篇〉以後的篇章很顯然不可能是荀子本人的作品。
3. 除了少數篇章之外，其他篇章均有經過荀子後學更動的可能性。
4. 以「○篇」為名的篇章是否完全為荀子原作，尚有待考察。
5. 根據一些考證得來的論據，或許可以大膽推測《荀子》從〈勸學〉一直到〈賦篇〉等二十六篇文章均在先秦時期便已經成形。

雖然 Machle 對《荀子》中的篇章是否為荀子原作有些意見，但是，他肯定〈天論〉應該是荀子的原作無疑。

（五）〈天論〉的出現原因及其論證

Machle 以為〈天論〉的著作時間應該在西元前 275 年至 265 年，也就是荀子在稷下學宮的這一段時間。〔註25〕而荀子對於「天」的概念，也是在這個時候採納莊子一派的論點，之所以如此，乃是為了其中心學說——「禮」——尋求理論依據。Machle 認為，荀子藉由否定天的人格性與神格性，來弱化天對人

〔註25〕Machle 氏在此處採用 Knoblock 在 *Xunzi: A Translation and Study of the Complete Works* vol. I（Stanford: Stanford University Press, 1988），p.11 中對《荀子》篇章考證的說法。

的行為的影響力，並提出人可以經由「禮」的遵行而達到「道」的境界。

（六）關於翻譯

《荀子》在歐美至少有 Hermann Köster 的德文選譯本，以及德效騫氏、Burton Watson 以及 John Knoblock 等人的英譯本，另外還有陳榮捷在《中國哲學資料書》中的選譯，而〈天論〉一篇在《荀子》的英譯本中均有翻譯，可見這些譯者均察覺到〈天論〉在《荀子》中的地位。此外，Machle 就譯文必須在意義上接近原文的原則來討論，以為對於先秦典籍中語文的翻譯，有其一定的難度，所以他對 Knoblock 力求接近原文含意的翻譯方式相當認同。

（七）翻譯與註釋

Machle 在這裡參照了德氏、陳榮捷、Burton Watson 以及 John Knoblock 四人對〈天論〉的翻譯，並就西方人較難理解的中國思想方面的術語作一較為明確的解釋，其中也包括〈天論〉中部分詞語的說明。

（八）一些解釋

Machle 指出，「天」在荀子「道」的觀念中，屬於所謂的「天道」，即自然環境的運行之道，與屬於「人道」部分的「禮」、「義」、「仁」等有著明顯的區分。如此一來，則純屬自然之天便不能對人類之社會行為，或是道德行為與相關理論產生作用，如果將這個觀念倒過來說，也可以解釋為，如果自然的運行發生任何異象，也不可能藉由人為的力量，如改變施政方針、以人做為祭祀用的犧牲等行為使之恢復正常，而應該以純粹的自然現象來看待這一類事情。在確定天人之間並沒有互相作用的關聯性存在之後，荀子主張，包括人在內，天只有化育萬物，使之按照各自的特性運轉的作用而已。

（九）兩種分類與聖王

1. 兩種分類

若依照之前對荀子〈天論〉內容的認知，則可以發現，其對事物的分類主要是分為自然與人為兩種。萬物最初的生成由天地所化育出來，其相關之本能亦同，此項則歸之於自然；至於由所謂的「君子」創制出來的事物，則歸類於人為。荀子以為，所謂的「天」，只能在自然萬物的生成時，發揮其化育的作用，至於在其他方面則沒有任何的影響力。也就是說，「天」並沒有所謂神性的存在。

2.「心」

作爲具有**轉移本性**能力的心，亦爲人之天賦之一，有何能力轉移本性？荀子以爲此在於「心」可以知「道」——在「心」處於「虛」、「壹」、「靜」的情況之下，可以清楚理解到自己該做的事情。由此一觀念可以察覺到兩件事：一是荀子「心」「性」兩分的觀念；一是荀子吸納了道家「心」的觀念。參照《管子‧內業》篇中的內容，以及荀子曾經在齊國稷下待過一段時間的史實，荀子可能是在稷下時期吸納了道家的觀點。

3.「天」的優越性

儘管荀子否認「天」在生成之外，還會對人的行爲有任何的影響力，然而他也認爲自然萬物，包括人在內，都是由「天」所生成的，也就是說，他也不能否認「天」在某些地方有它的優先性存在，包括，當時對於取得政權的理由之解釋在內。所以在他的學說中，並不能將人在天人關係中的地位拉抬到與天同等的地位上。

4. 聖人之心

在荀子的理論中，聖人與一般人沒有很大的差別，唯一的差異在於聖人懂得利用他的心來「積思慮」、「習僞故」，從歷史經驗中整理出一套可以使人達到「道」之境界的「禮」。亦即聖人懂得如何運用天賦的心，去創成一套完善的制度。在這個觀念中，「天」對於人之價值觀沒有任何的影響力，而只有化育出人的功勞。

5. 超自然

在人類所處的環境中，多少會有當時的知識所不能解釋的事物，於是這些事物便歸類於所謂的「超自然」。在一般所謂的「超自然現象」發生時，人們多半會因爲不能理解的關係，而傾向於從宗教神蹟的角度去詮釋，然而荀子對於這種現象的發生，還是從「自然現象」的角度來理解。

6. 神 明

在荀子當時對於「神明」的定義，多半朝著信仰中的「神」的觀念去解釋，而在儒家思想中，則從道德修養觀念出發，以人的精神與意識上的清明來處理這個概念，荀子也是如此，並認爲聖人可達到這個境界。不過在相關的論述中，還是帶有一定的信仰色彩。

Machle 指出，在 Eno 的論著中所提及的論點，也觀察出荀子對人自身能

力的肯定，而在《荀子》其他篇章中，也可以看出荀子對於與當時信仰有關，或是帶有命定論色彩之事物，均抱持著不相信的態度，而認爲道德之認定與實踐均由人所創制和執行，與當時其他學派或多或少的將最後、或是最基礎的價值標準託之於所謂的天，有很明顯的不同。這也可以歸之於當時人文思維的一種演化，變成相信人自身便具有認定、實踐並達到理想境界——即所謂的「道」——的能力，而人，應該說是聖人所創制出來的「禮」，便是達到「道」的最好方式。這種思維也將「天」的道德最後依歸價值去除掉，而認爲「天」只是自然界的統稱，其運行除了在當初演化出「人」這種特出於其他生物的生物之外，便與人的所作所爲——包括價值觀的認定在內——沒有任何關係。

Machle 認爲，若將自西周以來，以至於荀子的天人關係論之發展綜合起來看，則可以發現此一時期天人關係的發展軌跡：人之地位從最初的認爲天有其意志，而人應該遵從其意志的想法開始，慢慢的去思索如何在天人兼顧的立場下，調和天人關係，於是轉化出幾種想法，一是儒家從自身在道德修養上的努力，使之與所處的環境和諧相處的觀念；一是道家在生活行爲上均需效法天對萬物運行的設定。荀子以其儒家道德修養在於人爲的立場，接收了由後者所發展的自然天的觀念，轉化出近乎極端的弱化天的主動地位，並肯定人之能力的天人關係論，而這種觀念的演化，也可以說是當時人文思維的一種演化方式。

Machle 的這部論著，是從荀子在〈天論〉中所展現的「自然天」觀點出發，來探討荀子的學說，認爲從這個角度出發，也可以從不同的角度觀察荀子以著重現實、重視人爲爲基本立場，從稷下學宮處接納道家之「自然天」觀點後，在其學說論著中做出怎麼樣的運用。很顯然的，荀子利用這種觀念，作爲其強調人之能力在道德修養以及其理想的施政觀念的輔助，使人能夠在肯定自身之價值之餘，也能夠接納他的學說，並實踐荀子的主要觀點：「禮」，從而實現其理想的治平世界。

第三章　早期（1927～1993）美國荀子
　　　　研究述論

　　根據上一章對美國荀子研究的論述，可以發現學者在某些議題之論點頗為分歧，其中又以「人性論」、「心論」、「天論」、「禮論」、「名學」、「政治論」等六個議題最為重要，茲分別述論如下：

第一節　荀子研究述論（一）

一、人性論

　　德效騫以為，荀子思想中的人性，指涉的範圍是情欲以及人構成社會組織或社會的能力，至於荀子的「性惡」則可以用「人性向惡論」來解釋；馮友蘭以為荀子的「性惡」觀點雖然否定了人性有善端的說法，卻也可以用人特有的聰明才智來矯正；顧立雅指出荀子之所以提出「性惡」的觀念，與其立場和對世間的觀察有所關聯；劉殿爵則以為荀子的「性惡」應該以人性中有惡的可能來解釋；孟旦反對傳統對於荀子「性惡」的認知，以為荀子將「性」視為除了道德行為之外，人類活動的一種潛在的、中性的推動力，並指出荀子理論之重心並不在於一般人所認為的性惡論上，而是在其政治理論；史華慈以為荀子的人性論是主張「惡」是從感官與外界的接觸而發生，並否認人的本性有對「善」的自發傾向；Eno 則以為荀子所討論的「人性」，是就天賦的、與其他生物相同的本能著眼，而提出「性惡」的觀點，所以，藉由對於人性的追求與擴充來尋求道德善是不合理的想法；陳漢生指出，荀子在人性

-55-

論中正式承認欲望在人性中的地位，並且以人性中有傾向惡的部分爲理由，提出人需要人爲的規範來控制的觀念；萬白安認爲荀子所主張的「性惡」觀念，是著眼於人性之中僅有情欲的存在，從對情欲的省察並不會激發出所謂道德觀念的判斷，而必須由外在之規範約制其行動。

對於「性」的界定，荀子有如下的觀點：

> 生之所以然者，謂之性。性之和所生，精合感應，不事而自然，謂之性。(《荀子・正名》)

> 凡性者，天之就也，不可學，不可事……不可學不可事而在人者，謂之性(〈性惡〉)

> 性者，本始材朴也。(〈禮論〉)

根據這些文字，可以知道荀子將「性」界定爲只是自然生命之質，是中性的。至於其所謂「性」的內容，則有如下的論述：

> 夫好利而欲得者，此人之情性也。(〈性惡〉)

> 今人之性，生而有好利焉……生而有疾惡焉……生而有耳目之欲，好聲色焉。(〈性惡〉)

> 若夫目好色，耳好聲，口好味，心好利，骨體膚理好愉佚，是生於人之情性者也。(〈性惡〉)

> 凡人有所一同：饑而欲食，寒而欲煖，勞而欲息，好利而惡害，是人之所生而有也，是無待而然者也，是禹、桀之所同也。目辨白黑美惡，耳辨聲音清濁，口辨酸鹹甘苦，鼻辨芬芳腥臊，骨體膚理辨寒暑疾養，是又人之所常生而有也，是無待而然者也，是禹、桀之所同也。(〈榮辱〉)

根據這些文字，可以曉得荀子以爲人性的內容爲人類的自然本能以及情欲，而所謂的道德觀念並不在其中。荀子便依據這些論說，以爲人完全順從其自然之性而表現於外在之行爲，僅能以「惡」來總括之。至於一般所謂的「善」的行爲，不但無法經由對性的完全順從展現出來，而且還明顯地對性有所違逆，所以荀子以爲若要使人向善，順從人的自然之性顯然行不通，唯一可行的方法是從外在的規範對性進行矯正，也就是荀子所謂的「化性起僞」。

在〈正名〉中，荀子對「僞」作了如下的定義：

> 情然而心爲之擇，謂之慮。心慮而能爲之動，謂之僞。慮積焉，能

　　習焉，而後成，謂之僞。

根據這條文字，可以知道荀子的「僞」有兩層意義：心對情的反應加以選擇判斷之後，而做出行動，爲第一層意義之「僞」；經過多次的選擇判斷與多次的學習實踐，而培養出的道德行爲，爲第二層的「僞」，也就是荀子「其善者僞也」所指之「僞」。

　　至於如何「化性起僞」，荀子以爲除了內在的心對事物的思考與判斷之外，尚需要外在的禮義師法作爲外在行爲之規範：

　　　　今人之性惡，必將待師法然後正，待禮義然後治。今人無師法，則偏
　　　　險而不正；無禮義，則悖亂而不治。股者聖人以人性惡，以爲偏險而
　　　　不正，悖亂而不治，是以爲之起禮義、制法度，以矯飾人之情性而正
　　　　之，以擾化人之情性而導之也，始皆出於治、合於道者也。（〈性惡〉）

由這些文字可以知道，荀子所謂的「化性起僞」是經由內心的思慮判斷與外在的規範的雙管齊下，使人之行爲轉向符合禮義的方式。然而，若要使內心的思慮判斷與外在的規範能夠發揮其化性起僞的作用，則必須在此方面做好「隆積」的工作，亦即藉由日常生活的習慣，將禮義之規範完全融入人的行爲與思想之中，使人能夠完全接納與履行它。

　　此外，若依荀子對人性之定義，則人之能「群」亦爲其本能之一，也可以歸屬於人性的範圍之中。但我們應該注意的是，荀子學說之中心是其「禮」之理論，人性論僅是荀子「禮」之理論的立論依據之一。

　　依此而言，德效騫對於荀子人性論的定義範疇觀察得很清楚，然而他在論述之中過於強調人性論在荀子學說中的地位，而忽略「禮」才是荀子學說的中心這個事實，至於德氏之所以有這種觀點，顯然是被宋、明以來的理學家對於荀子學說的片面認知所誤導；馮友蘭對此方面的敘述雖然說中要點，但僅有寥寥數語的敘述，在論證上略嫌單薄；顧立雅以爲荀子持性惡之理由在於其立場以及經驗使然，雖然指出荀子之所以持性惡論的理由，但卻沒有對荀子的性惡論再做進一步的釐清，未免有所不足；劉殿爵與孟旦對於荀子的性惡論解讀爲人性之中有發展出惡的可能，對於荀子的人性論有較爲正確的認知，而孟旦以爲人性論並非荀子學說之中心，也打破了當時一般以人性論爲荀子學說中心的迷思；史華慈以感官與外界的接觸來解釋荀子之性惡論，對於荀子所謂的「惡」的發生倒是有別開生面的說法，然而沒有說明情欲在其中的作用，是其缺陷；Eno 以爲荀子企圖藉由天賦之人性本身沒有開發

出道德善的可能，否定天以及天所賦予之人性在道德修養方面之意義，此一論點雖然沒有對荀子的人性論深入探討，但將荀子不同的思想範疇的論點進行整合的做法，對了解荀子的思想也有相當的助益；而陳漢生與萬白安在這方面的論點基本相同，對於荀子人性論的認知大抵是正確的。

從這些學者對於荀子人性論的探討中，可以得知美國學者對於荀子的人性論的看法一開始也是依據中國學界的傳統觀點：荀子之人性論為其學說之根本理論之一；荀子所謂之性惡為「性本惡」的觀念。不過這些屬於傳統的成見在 50 年代以後便開始受到質疑，並在釐清荀子在人性論以及道德修養理論等方面的論點之後，以為荀子所謂的人性為一中性的、有欲望的存在，其間顯然並沒有道德善的潛力，而其所謂「惡」則是一種在預期中不受任何約束的發展。此外，也有人以為荀子藉由「性惡」之觀念否定「天」與「人性」能在道德修養中發揮的作用。大體而言，70 年代以後的學者逐漸對荀子的「性惡」有一共識：「性惡」理論的提出是荀子為其「禮」之學說尋求理論根據的手段之一。

二、心　論

德效騫以為荀子將「心」的功能設定在控制人本有的情欲，以及對於事物的判斷，並認為處於理想狀態的「心」能做出正確的決定，這種以「心」來主導道德修養的觀念不但顯示該理論兼納了儒、道二家的論點，也證明了荀子在道德修養理論上繼承了真正的儒家學說；馮友蘭以為荀子的心論主張由「虛」、「壹」、「靜」的心作為判斷外界事物的標準，並以此節制人本有的情欲的觀念，與老、莊的論點相近，顯然是荀子採老、莊之說而加以變化；劉殿爵以為在荀子的觀念中，「心」不但與「性」分開，而且在道德修養中負責約束沒有自制能力的「性」；孟旦以為荀子的「心」有「徵知」與「治」等功能，可以接納感官對外物的知覺，並依此做出對外界事物的選擇、引發以及制止等反應動作，其道德觀念便由此而生；Yearley 指出，荀子在心論方面的觀點擷取了孟子與莊子二家不同的觀念，使「心」在行為上有主導之能力，在對事物的判斷上也能做到客觀的觀照，進而在道德修養上發揮其積極的作用；倪德衛則指出荀子雖然接納了莊子心論中的觀照觀點，但荀子積極的運用態度是其與莊子的重要差異；陳漢生也認為荀子的心論綜合了儒家與道家的觀念，使其理論具有綜合性的色彩；Machle 指出，在荀子的理論中，「心」

不但與「性」是分開的，其論點也吸取了道家的思想，而且後者可以依據《管子》的內容以及歷史的記載得到佐證。

在荀子的學說中，人無法從質樸之「性」發展出道德觀念，而需以「偽」來使人得到所謂的善。荀子以為，要讓人接受「偽」來導正自己的本性以達到善的境界，「心」便是其中的關鍵。

荀子在「心」這方面的論說有兩個假設，其一就是對於外界的事物有認知的功能。此一認知之心除了最基本的對事物的認知能力之外，還能夠進行思慮、辨別，因此，此一認知之心可以對事物進行價值上的評判。

荀子對「心」的另一個假設，則是以為「心」有主宰自然感官以及自主之能力：

> 心居中虛，以治五官，夫是之謂天君。（〈天論〉）

> 心者，形之君也，而神明之主也，出令而無所受令。自禁也，自使也，自奪也，自取也，自行也，自止也。故口可劫而使之墨云，形可劫而使詘申，心不可劫而使易意，是之則受，非之則辭。（〈解蔽〉）

這兩條文字表明了「心」除了主宰自然感官的能力之外，尚有所謂的自主意志，不為外在環境所操縱。

具有可認知外物、主宰自然感官之能力，且又有自主意識的心，該如何完全發揮其功效？對此，荀子以所謂的「槃水之喻」來說明：

> 故人心譬如槃水，正錯而勿動，則湛濁在下而清明在上，則足以見鬚眉而察理矣。微風過之，湛濁動乎下，清明亂於上，則不可以得大形之正也。心亦如是矣。故導之以理，養之以清，物莫之傾，則足以定是非、決嫌疑矣。小物引之，則其正外易，其心內傾，則不足以決麤理矣。（〈解蔽〉）

在這裡，荀子將「心」譬作槃水，當其清、靜時，對於外物都可以有客觀、正確的認識，然而，若是不能保持此一清且靜的狀態時，則「心」對外物的認知便會出現謬誤，而「不足以決麤理」。為了保證「心」能夠維持在清且靜的狀態，而不至於因為欲、惡、始、終、遠、近、博、淺、古、今等之「蔽於一曲」產生謬誤，荀子主張應以「虛壹而靜」之修養工夫來維持此一狀態。

何謂「虛壹而靜」？荀子對此的解釋為：

> 心未嘗不臧也，然而有所謂虛；心未嘗不兩也，然而有所謂一；心未嘗不動也，然而有所謂靜。人生而有知，知而有志。志也者，臧

也；然而有所謂虛，不以所已藏害所將受謂之虛。心生而有知，知
而有異，異也者，同時兼知之；同時兼知之，兩也；然而有所謂一，
不以夫一害此一謂之壹。心，臥則夢，偷則自行，使之則謀，故心
未嘗不動也；然而有所謂靜，不以夢劇亂知謂之靜。未得道而求道
者，謂之虛壹而靜。作之：則將須道者之虛則入，將事道者之壹則
盡，盡將思道者靜則察。知道察，知道行，體道者也。虛壹而靜，
謂之大清明。（〈解蔽〉）

根據這段文字，則荀子所謂的「虛」與「壹」是指對新事物的認知與已有的
知識須保持客觀並存的狀態，以避免因為既有的成見，而妨礙到對事物的客
觀認識。至於「靜」，則是保持冷靜的狀態，不使情緒的波動與外界的干擾影
響到「心」對事物的認知與判斷。荀子以為，人對事物的認知之所以出現謬
誤，無非是因為自身之立場、既有之成見，以及情緒的波動所導致的，若能
以「虛壹而靜」來處置，則可以破除種種謬誤，而對事物有客觀且正確的認
知，進而能理解並實踐所謂的「道」。不過，荀子以為此舉尚需以「誠」來穩
住容易浮動的心，然後兩者併力，才能堅定不移的去追求「道」。

此外，必須注意的是，荀子在這方面的主宰觀念是承襲儒家本有之觀念，
而知慮之論點則是吸納了莊子的說法。不過，荀子在運用這個論點的時候，
則是按照自己的立場，轉變其原來對事物採取全然旁觀的用意，而改為對人
事的正確判斷與處理。

德效騫對於荀子「心」的論點的認知，大體上是正確的，但德氏雖然指
出荀子在這方面的論點同時採納了儒家與道家的觀點，卻在源流的追溯，尤
其是道家的部分並沒有探查究竟，是其不足；馮友蘭的觀點大抵無誤，馮氏
以為荀子在這方面的理論接納了老、莊的說法而有所變化，也是對的，然而
對於荀子「心」的理論在儒家的承繼方面則含糊其詞，是其不足之處；劉殿
爵指出荀子以心制性的論點，點出了荀子心論的真正功能，但沒有詳細說明
如何以心制性，未免不足；孟旦扼要地點出荀子心論在其道德修養理論中的
作用與地位，但他對此一論點的說明太過簡單，使得他在這一方面的論說未
免失之籠統；Yearley 對荀子心論的源頭與其自身之運用便說明得很清楚，算
是這一時期中對荀子心論探討得最為詳細的一篇；倪德衛重在說明荀子與莊
子在這方面的不同處，對彼此之分界說得很清楚；陳漢生在這方面僅提出荀
子之心論為一具有綜合色彩之學說，於其他方面亦無甚新意；Machle 以為《管

子》可為荀子心論有承自道家之處的論據之一，是其特出之處，但在其他方面卻沒有什麼新的創見。

根據上面的論述，對於「心」為荀子道德修養理論的關鍵此一觀點，為這幾十年來研究此一方面理論之學者的共識。至於荀子在其理論中所吸納的觀點源於何處，又做了多少調整，則又是學者在探討此一理論的另一個焦點：德氏在 Hsüntze 中以為荀子吸納了在他之前其他學派的論點，其中包括儒家與道家；Yearley 則以為荀子之理論主要是孟子與莊子兩派的調和，而倪氏基本上也持同樣的觀點，並認為運用之場合與態度為荀子與莊子在心論方面的最大差異；Machle 則將此一論題予以延伸，指出荀子是在稷下時期接納道家的學說，然後嘗試將之與本身之觀念融合。

三、天　論

德效騫以為荀子接納了老子的宇宙法則觀念，而發展出「自然天」的觀念，一方面否定天的神秘性與人格性，一方面倡導人對自身能力的自信，但他也因為「不求知天」的關係，使得他這個具有科學精神的論點沒有像科學研究這方面做更進一步的探索；馮友蘭以為荀子在這方面的理論受到道家的影響，而提出天沒有道德價值的觀點，也認為沒有探討箇中原因的必要，只需加以運用即可；顧立雅則以為荀子對於人自身的能力和「禮」的反覆強調，使得他試圖減少天的神秘性，以及天與人在地位上的差距；史華慈以為荀子在這方面的理論明顯受到道家的影響，進而提出「天人相分」的觀點，在運用時，也僅對技術之實用層面感興趣，然而，荀子雖然主張「天人相分」，但在其理論之中，天依然具有舉足輕重的影響力；Eno 以為荀子從「自然」的角度看待當時任何與天有關的議題，並切斷天與人在道德與行為方面的聯繫，然而荀子還是受到當時環境的限制，而對天的神秘色彩與對人類行為的影響做了某種程度的接受；陳漢生以為荀子天的觀念與莊子相似，然而荀子卻將之運用於肯定人的自主性以及「禮」的重要性，荀子的這種做法雖然達到其目的，但卻也使他成為儒家與法家之間的過渡；Machle 認為荀子在天的觀念之中否定了天與人在行為與道德方面的影響力，並試圖提高人在天人關係中的地位，然而荀子在這方面的努力並沒有完全成功，不但無法完全否認天的優越性，在理論方面也仍然存留著天的神秘色彩。

荀子在此一思想範疇所提出之論點為「自然天」及「天人相分」之觀念。

荀子以爲「天」純粹爲一按照規律運行的自然界，本身並無所謂的意志可言，亦不具備道德價值的判斷，所以，即便是發生如同「日月之有蝕，風雨之不時，怪星之黨見」（〈天論〉）等特殊於平日的狀況，都只是自然界的現象，並不具備任何神秘的意義以及特定的目的。也就是說，它們的出現與人間之事並沒有相應的關係，所以人無須因爲這些特殊現象而對天投以特殊的情感與期待，只要以平常心看待即可。

雖然荀子有將自然只當自然看的想法，卻不曾因此動過對天進行科學研究的念頭，反而有「不求知天」的說詞，這是因爲荀子所注意者在於人事，自然科學不在他的關注範圍之中。然而，其所謂「不求知天」的觀念又似乎與「夫是之謂知天」這句話矛盾，如果將荀子重人事、將自然以自然看待的思維套入這兩個看似矛盾的觀念，則可以消除這個疑慮：因爲自然萬物均由天在無形之中所生成，其間的原理極爲精深，所以人所應該做的，便是對此存而不論，若是對此深加考辨，便是「與天爭職」，逾越了人應有的本分；至於人之情性，以及感官的知覺能力，還有統領感官的「天君」——心，均爲天在生成人時所賦予人的，人必須了解天所賦予人的之物與能力，而做出相應之處置方式。也就是說，荀子所謂「不求知」者，爲自然萬物，而必須「知」者，則爲人自身所受之天賦，兩者所針對之對象不同，所以其間沒有矛盾的存在。

從「自然天」、「天人相分」兩個觀念中，荀子導出了「天生人成」的論點，荀子以爲「天能生物，不能辨物也；地能載人，不能治人也」——即自然雖然能夠生成萬物，但卻不治理或成就萬物，所以這項工作便由人來執行——以禮義來治理，使本身素樸的、中立的事物，能藉由禮義的治理而導向善的境地。而荀子也根據此一論點，提出制天用天的主張：運用人的智慧，在適當的時機中，對自然萬物作出最佳的利用。

此外，荀子否認天有任何的神秘性，並反覆強調人類自身能力有其極大的可能性，但荀子仍然在其「禮」的論說中保留了尊天事天的儀節，此一舉措顯示出天在荀子的學說之中雖然不具備任何道德意義，但仍然有其一定的尊崇地位。

德效騫在這方面的認知並無錯誤，其論點也爲此後的學者所承襲，唯一不足之處，在於沒有辨明它與其他思想範疇之間的聯繫；馮友蘭在這裡只簡單點明荀子天論的特徵與其淵源，並沒有作更爲深入的論述；顧立雅指出荀

子的天論和禮的觀念之間的關係，但卻缺乏更進一步的說明；史華慈指出荀子思想之特徵爲偏於實用，也點出荀子並不能完全擺脫天對其理論的影響；Eno 指出荀子雖然提出自然天之觀念，但在理論中仍然受到當時環境條件的限制，而有所妥協，也點出荀子天論自身的矛盾之處；陳漢生以爲荀子提出自然天的理論在某種程度上削弱了道德對於君主的限制，點出了荀子自然天理論在政治方面的缺陷；Machle 則以爲荀子在天論中試圖提高人在天人關係的效果有限，而且也無法在理論中完全排除天的神秘性色彩。

　　此一時期學者對於荀子「天」觀念的理解，基本上還是沿襲德氏早先的觀點，認爲荀子試圖以其從道家汲取來的「自然天」之觀點，來強化其以人爲爲主的學說理論，然而荀子此一努力受限於時代背景而沒有成功。另外，從史華慈開始，也將之與荀子其他論說予以綜合探討，以爲荀子在「天」方面所採取的態度也影響到他在其他論說所採取的立場。除了史氏之外，Eno 以及 Machle 亦在其論著中採取類似的觀點。

　　此外，雖然研究者們在此時就已經察覺到荀子的天論思想受到道家的影響，然而除了德效騫以爲是根源於老子一派的觀念之外，其他的研究者大都不深究其源流，後來雖有陳漢生再度探討此一問題，而有荀子之天論近於莊子之觀念的論點，卻也沒有引發學者們對這方面的興趣。

第二節　荀子研究述論（二）

四、禮　論

　　德效騫以爲「禮」的觀念發展到荀子身上，已經成爲其學說的唯一準則，無論是個人的道德修養，還是政治運作，都以「禮」爲行動的正確途徑，換句話說，「禮」在荀子的心目中，無疑的已經等同於最正確的「道」；馮友蘭以爲荀子禮的觀念雖然有功利主義的色彩，但還是考慮到人的感情在禮儀中的地位，另外，荀子以其自然主義的觀點，對起於迷信的喪、祭禮賦予新的意義，亦爲其貢獻；顧立雅以爲「禮」在荀子的觀念中，其宗教上的意義已經被弱化，而強調其對人行爲的制約，並認爲它是使整個環境恢復到應有的秩序的一個重要的制度；史華慈認爲以「禮」爲國家秩序基準，以及理性面對現實的想法，使得荀子在這方面的學說頗能接納其他思想學派中合乎「禮」

的部分，而作較為彈性的調整，雖然，他所構思的政治體制並不完美，但也不是沒有實現的可能。

《說文》中對「禮」字的解釋為「所以事神致福也。」也就是說，「禮」原本是指與祭祀有關的儀節，將之視為一般場合所使用之儀式，則是後來的擴大解釋。然而在荀子的學說之中，「禮」已經不單指儀式節文本身，而是將範圍擴大到凡是與人相關之規範儀節均可以納入「禮」的範圍之中，大至國家的治國規範，小到個人的日常活動與行為舉止，均為「禮」的管轄範圍。也就是說，「禮」在荀子的學說中，已經被當成是一種社會架構、一種政治規範，所以荀子認為「禮」在人類世界中極端重要，不可或缺。

荀子以為「禮」之出現，並非源自於人之本性，而是出自於聖人的創制：

> 禮起於何也？曰：人生而有欲，欲而不得，則不能無求。求而無度
> 量分界，則不能不爭；爭則亂；亂則窮。先王惡其亂也，故制禮義
> 以分之，以養人之欲，給人之求。使欲必不窮於物，物必不屈於欲。
> 兩者相持而長，是禮之所起也。（〈禮論〉）

這是因為人性本身有情欲等反應存在，卻沒有自制的能力，所謂的「惡」就因此而生。雖然人生而有情欲是正常的事，卻也不應該完全壓抑它們而影響到人類自身的生存，但是，無所節制，對群體來說總是動亂的根源，所以必須有一節制與導正之方式，使人的情欲得到適度的滿足，且又能讓社會處於和平有秩序的狀態下，在荀子的眼中，「禮」就是達到此一目的的最好方案。

然而，「禮」不是無道德價值的自然天所賦予人的，而是經由聖人的「積思慮，習偽故」（〈性惡〉）而創制出來，以為個人修身以及社會規範之準則。然而「禮」的完備並不是一蹴可及，而是需要經驗與智慧的累積，所以，荀子以為與其在這方面完全以追蹤久遠之前的先王之言論與做法為務，倒不如採納與當下之時空環境相近之近代，也就是荀子所謂的後王所制定的制度，較能符合實用，且容納了更多人的經驗與智慧。

「禮」之作用，以「分」為主，荀子在〈樂論〉也說「禮別異」，所以「禮」之最大功用，在於能讓人依照各自的能力與地位，達到各知其宜、各盡其能的目的。換言之，即是使人對自身的「義」能夠完全理解，並落實在現實生活之中。

除了「分」以外，「禮」尚有「養」的作用。若說「分」是「禮」所規定的義務的話，那麼「養」便是「禮」所賦予的權利，目的在使人「欲必不窮

於物，物必不屈於欲」。不過也因爲「欲必不窮於物，物必不屈於欲」的關係，所以「養」的程度要受到「分」的限制。

此外，荀子亦主張「禮」可以節情與制文，簡單的說，就是運用「禮」的「分」與「義」以及外在的儀式來調節人的感情，使之能因其當時之地位，適度表達自己的感情。

另外，荀子也以爲可以抒發人類情感的「樂」，也能與「禮」相配合，讓「禮」能發揮其完全的功效。

以此論之，德效騫以爲「禮」在荀子思想中已經成爲達致「道」的唯一途徑的看法是正確的，而其不足之處，在於德氏沒有認識到「禮」才是荀子學說的中心，依然遵照傳統的說法，過於強調人性論在荀子學說中的地位；馮友蘭不但點出荀子禮的觀念的實用性色彩，也暗示荀子禮的觀念與其天論的思維有所聯繫，但可惜的是，馮氏並沒有對這些論點作較爲詳細的論證；顧立雅注意到荀子的觀念因爲偏重於實用的關係，而弱化了禮本身的宗教性色彩，但沒有再作更進一步的論證，是其不足之處；史華慈注意到荀子以禮爲主的實用性觀念，使得荀子比較能夠接納其他學派中與自身觀念能夠相合的部分，換言之，即是荀子自身注重實用的觀念使其學說具有綜合性的色彩，然而史氏沒有順勢對荀子的禮的觀念作出完整的說明，是其缺陷。

「禮」在荀子的學說中佔有重要地位的觀點，很早就被學者們所認識到，而學者們也逐漸察覺到荀子對於「禮」的重視，及其運用之趨於倫理規範化與政治制度化，不但弱化了「禮」本來的宗教色彩，也使得荀子的思想逐漸偏向於法家的思維，然而，其立場仍然維持在儒家之中。

此外，後來的學者也在對其他思想範疇的研究中，發覺到荀子在其他思想範疇的論說，實際是爲其「禮」之論說尋求在各個範疇上的理論依據。

五、名　學

德效騫以爲從歷史背景可以看出荀子提倡其實用之名學的動機，而荀子便以「約定俗成」爲原則，以感官對外界事物的「徵知」爲依據，建構其實用的名學理論，並以此批判當時墨家與名家的名學理論，此外，在荀子的名學理論中，也提到君主有責任使民衆的價值觀予以標準化，荀子的這種想法後來爲李斯所繼承，成爲此後秦朝推行統一思想此一政策的理論依據；馮友蘭以爲荀子在這方面的基本主張「制名以指實」，雖然注意到「名」的邏輯意

義，但更強調「名」在教化上的作用，除此之外，荀子也認為政府應該主導這方面的作為；顧立雅以為荀子是在這方面主張「制名以指實」，即以感官對事物的認知為基準，確定名對於實的概括，此一中心論點注意到了名與實的確切聯繫，但他並不認同當時名家以及後期墨家在這方面的論點，並予以深刻的批判；柯雄文則以為荀子之名學理論可以視為他在倫理學論辯的運用方式，而其最終目的，在於使其「道」的觀念能夠獲得認可並予以實踐；史華慈指出，荀子在這方面或多或少援用墨家的觀點，然而荀子以為語言之意義在長時間的約定俗成之後，已經由聖人定型，相關之問題也獲得解決，無需再做任何深入的討論；Eno 以為名學為荀子學說中的重要環節，而他在這方面的判準，則以感官能夠辨別的特徵作為對事物分類的依據，此外，荀子「分」的觀念亦有部份由此衍生；陳漢生則以為荀子的名學理論為一約定主義之論說；Machle 氏以為，在荀子的觀念中，語言之運用與觀念的定義完全是以當時人們對外界事物的一般感覺——或者可以說是常識——做為界定的標準，這與其他思想學派對於語意的省思之間有著極大的差異，從這裡也可以看出荀子對於無關實際的事物並不關切。

名為對事物之認知與界定，在語言之中不可或缺，而在辯說思想之中尤其重要，若是其間出現了誤差，則會嚴重影響到人與人之間的交流。荀子也注意到這個問題，於是對名學提出一系列的論說。荀子的名學理論可作如下的分析：

（一）所為有名

荀子以為制名的目的在於指實，亦即確切的表達出所指稱的事物的意義。而指實之目的與作用有二：一是辨同異，二是明貴賤。簡單的說，即是對世間萬物的意涵作明確的劃分，使人在溝通時不至於因為語意的誤差而造成障礙。

（二）所緣以同異

此論制名之依據。荀子以為對世間萬物的分辨，必須依靠人類所共有的感官知覺來對不同的事物所具有之特徵進行區別，在經過比較與分析之後，逐漸形成與事物相應的概念。

（三）制名之樞要

荀子在這裡提出五項原則：

1. 同則同之，異則異之

荀子以爲名與實之間必須有明確的對應關係，故在實際上具有不同特質的不同事物，在名的對應上就必須有所區分，不得混淆。

2. 徑易而不拂

雖然名本身有「名無固宜」的問題，但是在制定時，仍必須以通俗易懂，容易使人接受爲原則，以有利於觀念之溝通與交流。

3. 稽實定數

即是以對實際事物的考察來決定名的數量。因爲客觀事物的存在並不如想像中單純，所以必須考察事物的實際狀態，來決定是否該有不同的定義。

4. 約定俗成

制定事物之名必須遵守約定俗成此一原則，蓋名本身有所謂「名無固宜」的問題，所以，在制定時以遵守大多數人的認知爲原則，則可以儘可能的避免語義上的誤差。然而必須注意的是，荀子之制名原則雖然有這一條，但荀子的制名觀念還有許多其他的內容，不能逕以此一原則定義荀子的制名觀念。

5. 王者之制名

荀子之名學理論，也以運用於政治爲其目的之一，所以荀子主張王者應該主持制名的工作，進而使國家之政治能夠上軌道。

除此之外，荀子還在「辭」與「辯說」方面提出自己的見解。

（一）辭

荀子以爲，所謂的「辭」，就是「兼異實之名以論一意也」（〈正名〉），是由不同的名組合而成，用以表達一種意義或思想。因此，「辭」便有是非眞僞的問題，對此，荀子以爲應該以感官的對外接觸爲其依據，然而感官知覺也會出現誤判，此時就必須以「虛壹而靜」的心，確保感官知覺本身的客觀性。

（二）辯　說

荀子在這方面的論說相當豐富，在此以理由、意義、類型、態度、原則以及方法分析之。

1. 理　由

荀子在這方面的理由與孟子「予豈好辯哉？予不得已也」（《孟子・滕文公下》）基本相同，都以爲在亂世之中，爲了息邪說、辨姦言，以及宣揚先王之禮義，必須以「有益於理者」之言與其他對手進行辯論，至於「無用之辯，

不急之察」，則無須理會。

2. 意　義

荀子認為辯說是在名與辭的基礎上進行的，所以他在論述其過程時提出「實不喻然後命，命不喻然後期，期不喻然後說，說不喻然後辨」（《荀子·正名》） 此一論說，以為認識事物的思考過程是從「實」——即客觀事物——開始，若不能明白，則需「命」（命名）以形成概念，若「命」不足以解決問題，則以「期」（判斷）來處理，若「期」也無法處理，則以「說」（推論）來補救，若是「說」也無能為力，則以「辨」（論證）來解決。亦即以實、命、期、說、辨逐層補救前一項之不足。

3. 類　型

荀子以為辯說可分為聖人之辯、士君子之辯與小人之辯三類：

> 有兼聽之明，而無奮衿之容；有兼覆之厚，而無伐德之色。說行則天下正，說不行則白道而冥窮，是聖人之辨說也。……辭讓之節得矣，長少之理順矣，忌諱不稱，袄辭不出。以仁心說，以學心聽，以公心辨。不動乎眾人之非譽，不治觀者之耳目，不略貴者之權執，不利傳辟者之辭，故能處道而不貳，吐而不奪，利而不流，貴公正而賤鄙爭，是士君子之辨說也。……故愚者之言，芴然而粗，嘖然而不類，誻誻然而沸。彼誘其名，眩其辭，而無深於其志義者也。故窮藉而無極，甚勞而無功，貪而無名。（〈正名〉）

> 有小人之辯者，有士君子之辯者，有聖人之辯者。不先慮，不早謀，發之而當，成文而類，居錯遷徙，應變不窮，是聖人之辯者也。先慮之，早謀之，斯須之言而足聽，文而致實，博而黨正，是士君子之辯者也。聽其言則辭辯而無統，用其身則多詐而無功，上不足以順明王，下不足以和齊百姓，然而口舌之均，噡唯則節，足以為奇偉、偃卻之屬，夫是之謂姦人之雄。（〈非相〉）

從這些論述中可以看出，荀子如此的分類方式，是以人格為其標準，並以為「成文而類」的合乎禮義統類之辯為聖人之辯，「辭辯而無統」、「辯說譬喻，齊給便利，而不順禮義」（〈非十二子〉）之辯為小人之辯，而「少言而法」（〈非十二子〉）——遵守禮法之辯為士君子之辯，同時也是荀子對自己辯說立場的認定。

4. 態　度

荀子以為辯說應有之態度有二：

（1）莊重誠敬，辯而不爭

荀子認為辯說是為了求得眞理，所以在辯說時不應該有意氣之爭，若在過程中發生此事，則停止辯論。此外，荀子還以為應該以莊重誠敬的態度與對手進行論辯，除了可以避免意氣之爭以外，也比較容易讓對手對自己心服口服。

（2）以公心辨

荀子以為辯說時應採取「以仁心說，以學心聽，以公心辨」之態度，在論辯的過程中完全遵循公正客觀之準則。

5. 原　則

荀子以為辯說應符合以下兩種原則：

（1）辯異而不過，推類而不悖

所謂「辯異而不過」，是指在辯說時，必須正確的分辨不同的事物，而不至於混淆不同的事物。荀子之所以提出此一觀念，是因為辯說時所運用之推論與論證，都是由「名」與「辭」組合而成，所以必須先在此處進行正本清源的工作，才能在辯說時正確地表達其觀念。

至於「推類而不悖」，則是在要求推論時要符合類之關係，以避免因為類之關係的混淆而產生的錯誤。

（2）聽則合文，辯則盡故

「聽則合文」是指聽取他人合於禮義之言論。「文」在這裡是指禮義而言。荀子之所以在這一點上作要求，是企圖以禮義作為辯說的規範，避免讓人之辯說流於小人之辯。

「辯則盡故」則是指在辯說時，要全面闡明立論之理由或證據。「故」在此作證據或理由解。荀子以為在辯說時，必須以充足而又客觀之證據來讓人心服口服，然而，僅提出證據和理由還不足以達到讓人心服口服之目的，還必須作全面的闡釋，才有可能。

6. 方　法

荀子在辯說時所運用之方法，有演繹法、歸納法以及類比法三種：

（1）演繹法

所謂的演繹法，是指由概括之前提推出個別的結論，或由普遍的原理推出特殊的事實。荀子對演繹法頗為重視，在其論說中常用此一方式，或是其

中之連鎖論證。

（2）歸納法

所謂的歸納法，是由個別的事實推論出概括的結論或普遍的原理。雖然荀子在其辯說之中較常使用演繹法，但是對歸納法也相當重視。

（3）類比法

類比法是以類似性作為推論的基礎，是由某一種已知事物的某種性質，而推知與之同類的另一事物也具有同樣的性質。換言之，便是以事物相似之特徵所進行之推論。此一推論方式為先秦思想家所廣為使用的一種辯說方式，荀子也不例外。

此外，荀子還以三惑的觀念——「用實以亂名」、「用名以亂實」、「用名以亂名」，來批評其他學派在此一方面不同於荀子名學理論的主張：

（一）用實以亂名

荀子所謂的「用實以亂名」，是用個別或特殊的事實來混淆一般概念而形成的思想謬誤或詭辯，是由違反「所緣以同異」之原則而產生的謬誤。荀子以為「山淵平」、「情欲寡」、「芻豢不加甘，大鐘不加樂」等觀念為此種謬誤，其中「山淵平」為惠施的觀點，「情欲寡」為宋子的論說，而「芻豢不加甘，大鐘不加樂」則無歸屬。

（二）用名以亂實

此一謬誤為以概念來混淆實際情況，是因為違反名約之原則而出現的。荀子以為「非而謁楹」、「有牛馬非馬也」為此種謬誤。前者一般以為在文字可能有所脫誤，所以不清楚荀子列此一項之用意，至於後者，則應該是針對《墨子‧經下》「牛馬非牛」的論題。

（三）用名以亂名

此一謬誤為用一概念混淆另一概念，是因為違反「所為有名」的原則而出現的。荀子以為「見侮不辱」、「聖人不愛己」、「殺盜非殺人」三項屬於這種謬誤。根據荀子自己的說法，「見侮不辱」一項為宋子之論說，「聖人不愛己」、「殺盜非殺人」兩項屬於墨子的學說，不過後人對「見侮不辱」此項之所以列入「用名以亂名」的批判之中的解釋頗為分歧，〔註1〕就筆者的觀點

〔註1〕 關於這方面的討論，請參見李哲賢：《荀子之名學析論》（台北：文津出版社，2004 年 10 月），頁 164-170。

來看，這裡的「侮」也包含了「辱」的概念，所以荀子將「見侮不辱」納入「用名以亂名」的概念之中。

　　德效騫以爲荀子的名學理論可以視爲中國的「邏輯」之一，此一觀點點出了荀子名學與西方邏輯的相似之處，然而，同時也明顯的看出德氏對荀子名學的誤解，蓋中國之名學理論與西方邏輯純粹以事理爲討論中心的做法不同，而有濃厚的實用色彩，荀子的觀念尤其如此，德氏忽略此一差異而逕以邏輯看待，是其錯誤；馮友蘭注意到荀子名學偏重於道德教化與政治統治的特徵，但其論述卻是語意不清；顧立雅也注意到荀子名學的重心，但卻沒有深入討論；柯雄文注意到荀子之名學偏重於道德教化，也點出其最終目的，然而其論點偏重於在論辯上的應用，忽略了荀子之正名理論在於日常生活上的溝通作用；史華慈指出荀子以爲經過聖人處理後的名學理論爲最完善之論述，也解決了所有問題，無需再作任何討論，表達出荀子對其理論的自信，但卻疏漏掉荀子尚有「名無固宜」等較爲保留的觀點，是其不夠周全之處；Eno 認識到名學爲荀子學說中的重要環節，並以爲與其「分」的觀念有所聯繫，但在論證上卻過於簡單；陳漢生以爲荀子的名學爲一約定主義的論說，則注意到荀子的名學有相當的約定俗成的色彩，然而荀子的名學理論除了約定俗成之外，尚有其他的制名原則，不能單以約定主義視之，萬白安就曾經因此批評陳漢生的約定主義觀點過於武斷；〔註2〕Machle 以爲荀子之名學觀念偏重於常識，而對更爲深入的探討毫無興趣，顯然可以看出荀子之論說偏於實用，然而在 Machle 自己的論述之中，對於名學的論述似嫌不夠深入。

　　在美國的荀子研究中，名學理論從一開始就被學者所注意，且被認爲是一種邏輯理論。然而在之後的探討之中，則被當作一種語言運用理論，而與邏輯分別開來，如柯雄文從倫理論辯來理解荀子的名學理論，而陳氏將之視爲一種約定論，也不認爲荀子的名學可以跟邏輯之間畫上等號，至於其他學者在這方面的討論，也偏向以一種語言運用理論來看待荀子之名學。

　　這種觀念上的變化關係到他們對於邏輯觀念的認定。一般來說，所謂的邏輯觀念是一種純思維的推論，必須與經驗事實分隔開來，然而中國的名學理論卻是與經驗事實緊密聯繫的思維方式，兩者與經驗事實的分與合，便成爲兩者之間決定性的差異。就此而言，實不能將名學等同於邏輯。

〔註2〕　見 Bryan W. Van Norden, "Hansen on Hsün-tzu", *Journal of Chinese Philosophy* 20.3（1993）, pp. 365-375.

在這個時期的荀子名學研究，以柯雄文與陳漢生的觀點較值得注意。從以上的論述，可以得知這個時期對於荀子名學的研究，大多是針對荀子名學理論的內容而發，至於荀子自己如何運用他所提出的名學理論，卻幾乎沒有學者去理會這個問題。而柯氏便針對荀子自身對這個理論的實際運用進行探討，進而思索荀子自己是基於什麼樣的態度來實踐他自己所提出的理論，於是提出荀子本身對自己名學理論之運用為「倫理論辯」的觀點。雖然柯氏的觀點本身有忽略荀子之正名理論在於日常生活上的溝通作用這個缺陷存在，然而他這個觀點的提出，不但彌補了這個時期僅注意荀子名學理論內容之研究的缺陷，也確認了荀子的名學理論與西方的邏輯實為兩種不同的觀念。

陳漢生則以為中國古代並沒有所謂的邏輯，所以荀子的名學理論也不能以邏輯看待。此外，陳氏還以為荀子名學之最大特點為所謂的「約定俗成」，便認定荀子的名學理論是一種約定主義。而此一觀念也為後來的 Makeham 所採納。然而陳氏之所以提出這個觀點，實根源於他將「如是，則其跡長矣。跡長功成，治之極也，是謹於守名約之功也。」（〈正名〉）這一段話中的「約」字以「約定」來理解，但根據楊倞對這個「約」字的注解，以及德氏與 Watson 對這個字的翻譯，這個「約」字應以「要約」或是「同意」來理解。〔註3〕若是按照陳氏的說法來解讀荀子的名學，那麼，荀子只要在「制名之樞要」此項之下強調「約定俗成」的重要性就好了，又何必列出「同則同之，異則異之」、「徑易而不拂」等其他的原則呢？

六、政治論

德效騫以為荀子在政治方面的相關理論基本與其他儒家學者相同，也很注重君主之道德修養，而其規範君主以及政府官員的制度則以「禮」為基準；孟旦指出，荀子在這方面的觀點比較重視欲求與物資之間的供需平衡，而此一論點為荀子思想中的重點所在；羅思文則以為荀子的理想世界是一個完全以「禮」作為所有階層的運作規範的國度，而此一論說雖然較接近 Popper 的「封閉社會」，卻也是當時所能構想到的較為完善的理論；史華慈則以為荀子

〔註3〕 萬白安以為陳漢生在這裡採用了陳榮捷以「conventional」譯「約」字的作法，而稍加改易，而以「conventionality」來理解這裡的「約」字。陳榮捷的譯文見 Wing-tsit Chan, *A Source Book in Chinese Philosophy*, p.124。萬氏的觀點參見同上註，頁 375。德氏的譯文見 Homer H. Dubs, *The Works of Hsün Tze*, p.486.，Watson 的譯文見 Burton Watson, *Hsün Tzu: Basic Writings*, p. 141。

的中心觀念「禮」使得他的政治理論不但對現實環境作出了讓步，也似乎有改變當時官員任免制度的意味。

荀子在政治方面的論點以修禮行義爲其最高目的，在實際措施上，則必須做到能群。荀子以爲要做到這一點，就必須做到「善生養人者也，善班治人者也，善顯設人者也，善藩飾人者也，⋯⋯。」（〈君道〉）的地步。其中又以「生養人」爲第一步，因爲，要取得人民的向心力，首先，就必須要使人民能夠過著富足安定的日子，因爲，時代環境的關係，荀子在這裡所注重的，還是農業生產，並以爲是國家財源的根本，而在運用方面，荀子應該採取「開源節流」的方式。在這裡所謂的「開源」，指的是在一定的規範下，儘可能的開發自然資源，而「節流」則是制定一固定的賦稅制度。此制度的規定必須不能超過人民所能負擔的程度，而政府在資源方面的運用也必須以賦稅制度的收入爲上限，不得超越。

其餘三項則是政府制度的問題。荀子以爲，君主必須設立並維持一個完善的行政制度，並從人才的任免，以及官俸、獎懲等制度的建立與維持，使得政府的運作能夠維持在軌道上而不至於出現問題。當然，這些制度是以「禮」作爲衡量的標準。

至於軍事方面，荀子則已經領悟到軍事乃政治之延伸，所以在〈議兵〉中，主張以「壹民」爲主，先在內政方面取得人民的全力支持，然後以此爲號召，爭取天下的民心。簡言之，即是尋求在「人和」方面的完全掌控，以便於在戰略上立於不敗之地，至於戰場上的戰術運用，荀子則以爲無法與成功的戰略相抗衡。

此外，也要注意的是荀子與其他儒家學者在這方面的不同之處：法後王。然而，荀子在這方面的論點並非排斥其他儒者「法先王」的觀念，而是認爲與其效法先王的用心，而在實際作爲上作出違反現實的事情，倒不如以後王依照現實情況而制訂出的規範作爲參考，來得符合現實。

雖然荀子極端重視「禮」以及規範在政治上的作用，使其觀念比較傾向以成文規定規範政治的運作，而讓人有接近法家思想的感覺，然而荀子在這方面仍然注重「人」的主導性，並以爲「人」才是使政治維持在軌道上的關鍵。

據此而言，德效騫在這方面的認識是正確的，比較沒有在人性論、名學方面的曲解，然而缺乏對理論的省思，是其不足之處；孟旦雖然沒有對荀子

的政治理論作完整的論述，卻也指出荀子的財經理論在於使人類的欲望與物資之間達到一個供需平衡的狀態；羅思文在對荀子政治思想的整理中察覺到荀子以「禮」作爲指導觀念的理想國度，雖然有其時代的侷限，但在當時卻是較爲完善的政治學說，此外，羅氏提出在進行中西方的思想比較時，必須注意彼此在時空環境上的差異的論點，也是值得肯定的；而史華慈雖然也沒有對荀子的政治思想作出較爲完整的論述，卻也指出荀子的政治理論不但有明顯的妥協意味，在官員任免制度上也比較傾向官僚制度。

在政治思想方面，荀子的論說與其他儒家學者大體相近，然而在運作上，則主張以「禮」作爲唯一之規範，此一觀點爲歷來的研究者所認同。至於荀子以「禮」爲主之政治理論之所以提出，以及對其理論的省思，德氏在介紹荀子之政治理論時並沒有很注意，此一不足之處便爲後來之學者所補充。

在理論之源由方面，孟氏以爲荀子之政經思想亦出自於其物與欲之間的平衡理念。對於其理論之省思，羅氏從 Karl Popper 在《開放社會及其敵人》中的觀點探討荀子之政治與社會理論，以爲其運作觀念已然具備後世所謂的理性精神，然而，其權威觀念則顯示出荀子之思想仍不免受到時代環境所限制；而史氏從整體之文化觀念進行觀察，得出荀子之政治理論也接納了與其他儒家學者之理想不相容之觀念，以求得其理論之完整與更容易實現，使其理論很相當的與現實妥協的意味。

第三節　早期美國的《荀子》英譯

對於《荀子》一書中篇章的翻譯，可以追溯到十九世紀晚期英國學者理雅各在其譯作《孟子的著作》〔註4〕中對〈性惡〉一篇的英譯。然而對於《荀子》一書的翻譯工作，卻要等到進入二十世紀之後，才引起歐美漢學界較多的注意與投入。

進入二十世紀之後，首度對《荀子》的內容進行英譯的是荷蘭漢學家 Jan J. L. Duyvendak 的〈荀子論正名〉，〔註5〕而美國漢學界自身對於《荀子》翻譯的投入，則始於 1928 年出版的德效騫氏的《荀子》英文選譯本：《荀子的著作》，而德氏的譯作也是美國漢學界第一本《荀子》的英譯作品。此後直到

〔註4〕 James Legge, *The Works of Mencius*（Oxford: Clarendon,1895）.

〔註5〕 Jan J. L. Duyvendak, "Hsün-tzu on the Rectification of Names", *T'oung Pao* 23（1924）, pp. 221-254.

1950 年代，美國漢學界在這方面才有新的譯作出現。

二次大戰結束之後的《荀子》英譯，集中出現在 1950 年至 1970 年之間的美國漢學界，計有：梅貽寶〈正名〉篇的翻譯：〈荀子論「名」〉，〔註6〕以及在〈荀子的教育觀〉〔註7〕、〈荀子的政治觀〉〔註8〕等二篇論文後所附的〈勸學〉、〈王制〉二篇的譯文，〔註9〕Burton Watson 的《荀子讀本》以及陳榮捷在《中國哲學資料書》的第六章〈自然主義的儒學：荀子〉〔註10〕中選譯的〈天論〉、〈正名〉、〈性惡〉三篇。在這三種譯作之中，較常為美國學者所參考的，則是 Watson 的《荀子讀本》，至於陳氏的《中國哲學資料書》一書在問世後，即普遍地為美國漢學界所接受，所以，該書的影響力也不容小覷。二十世紀美國漢學界最後出版的一本《荀子》英譯，也是目前唯一一部《荀子》的全文英譯本，則是 John Knoblock 的《荀子：全書的翻譯與研究》，於 1988 年至1994 年間由美國史丹佛大學出版社出版。

這裡將美國漢學界五種《荀子》英譯，依出版時間先後予以概述，然後就其特點以及所反映的部分現象作一述論，並以此為推論美國《荀子》研究的方向的一個依據。

一、《荀子》英譯作品概述

（一）德效騫──《荀子的著作》

德氏《荀子的著作》（此後以 *The Works* 稱之）一書雖然不是第一部以《荀子》為翻譯對象的英譯作品，卻是首次專門針對《荀子》一書進行翻譯的英譯本。德氏的 *The Works* 是以王先謙的《荀子集解》為底本，翻譯了德氏自己認

〔註6〕 Yi-pao Mei, "Hsün Tzu on Terminology", *Philosophy East & West* 1（1951）, pp. 51-66.

〔註7〕 Yi-pao Mei, Hsün Tzu's Theory of Education, with an English Translation of the *Hsün Tzu*, Chapter 1", *Ts'ing Hua Journal of Chinese Studies* 2.2（1961）, pp. 361-377.

〔註8〕 Yi-pao Mei, "Hsün Tzu's Theory of Government, with an English Translation of the *Hsün Tzu*, Chapter 9", *Ts'ing Hua Journal of Chinese Studies* 8.1-2（1970）, pp. 36-83.

〔註9〕 筆者以這三篇文章均有梅氏對〈正名〉、〈勸學〉、〈王制〉三篇的翻譯，所以將它們納入本文的討論範圍之中，並將它們當作一種《荀子》的英文譯作。

〔註10〕 Wing-tsit Chan, "Naturalistic Confucianism: Hsün Tzu", in *A Source Book in Chinese Philosophy*（Princeton: Princeton University Press, 1963）, pp. 115-135.

爲《荀子》一書中確定是「非後世僞作，而且是重要」〔註11〕的篇章：〈勸學〉、
〈修身〉、〈榮辱〉、〈非相〉、〈非十二子〉〔註12〕、〈仲尼〉、〈儒效〉、〈王制〉、〈富
國〉、〈君道〉、〈議兵〉、〈彊國〉、〈天論〉、〈正論〉、〈禮論〉、〈樂論〉、〈解蔽〉、
〈正名〉、〈性惡〉等十九篇，並在目錄中的各篇篇名下對該篇做一小段簡介，
然後在譯文之前安置一個「前言」，簡介荀子之前的中國歷史。

德氏對這個版本的譯文的處理方式，據他自己在〈序〉中所言：「……我覺
得若要使譯文更爲精確，逐字直譯（的處理方式）會比譯文本身的文學性來得
重要。」〔註13〕也就是說，德氏在 The Works 中選譯《荀子》時，爲了能夠在
譯文中完全展現他所認爲的《荀子》在文句中的眞正意義，是以逐字直譯的翻
譯方式試圖去達到他的目的，而將譯文的流暢度列爲次要問題。德氏本人也注
意到逐字直譯的方式將會對譯文的可讀性造成一定的負面影響，不過他還是決
定以逐字直譯的方式來處理，以求忠於原文的意義。至於譯文的流暢度方面，
則退而求其次，希望他的譯作或許會被認爲有它的「可讀性」。

除了對內容的逐字直譯之外，對於《荀子》中的一些特有名詞的處理，
他先以當時他認爲最好的威妥瑪拼音來處理字音，之後再以當時的通用字詞
來解說，若是如「道」、「仁」等在英文中找不到同義字的字詞，則會在注解
中參用各家的解說予以解釋。〔註14〕

〔註11〕 見 *The Works*, 'Preface', p. 5。筆者以爲德氏之所以在〈序〉中強調他所選譯
的篇章是「非後世僞作，而且是重要（的）」，應該與當時中國學術界盛行的
「疑古」風氣有關。

〔註12〕 在 *The Works* 中，此篇的篇題譯爲「Against the Ten Philosophers」（非十子），
與原來的篇題不同，其中也略去原本對於子思與孟子的評語部分不譯。據德
氏自己在篇題註解中的說法，一則是在《韓詩外傳》的相同記載中並沒有對
於子思和孟子的批評，其次，同爲儒家學者的荀子，似乎也不應該對子思與
孟子這兩位傑出的儒家學者做出如此嚴厲的批判。不過，德氏也指出，荀子
在這裡對子思與孟子的批評，與其他地方針對某些論點的評論不同，而是對
整個學說的總批判。見 *The Works*, p. 77。

〔註13〕 見 *The Works*, 'Preface', p. 5.

〔註14〕 德氏在〈序〉中說：「……在中文名詞的翻譯上，儘管我（也）毫不猶豫地
使用了容易理解的詞語，甚至於使用常見字來解說，（但是）我主要（還是）
以目前最好的威妥瑪拼音來處理，這樣就不會誤解中文原典中的意義。一些
比其他名詞更爲特殊，（屬於）中國的道德概念（的術語）如：『道』、『禮』、
『義』、『仁』等，在英文中並沒有同義詞，所以我用不同譯者（在這方面）
的譯文中較爲近似的解說，放在（我的）譯文後面的括弧中來說明。」見 *The
Works*，'Preface', p. 7。

在德氏的 *The Works* 問世之後，英語系國家的學者研究《荀子》，大多是以德氏的譯本作爲唯一的依據，在 1963 年 Watson 以及陳榮捷的譯作出版之前，大抵維持著這種情況。

二、梅貽寶——〈正名〉、〈勸學〉、〈王制〉的英譯

梅氏先後在 1952 年、1961 年以及 1970 年對《荀子》中的〈正名〉、〈勸學〉以及〈王制〉等篇的內容進行探討與英譯。梅氏對這三篇的翻譯是以梁啓雄的《荀子柬釋》爲主要的底本，另外也參照了王先謙的《荀子集解》，以及德氏的 *The Works*，偶爾也會參考其他中外學者在《荀子》一書研究的成果。〔註15〕然而在這裡必須注意的是：除了〈正名〉一篇之外，梅氏對這幾篇翻譯的功用僅設定在使讀者在閱讀他的論文時，可以藉由這幾篇譯文來理解他的論點，並非以譯介《荀子》的篇章爲主要的目的。

（三）Burton Watson ——《荀子讀本》

Watson 所翻譯的《荀子讀本》（此後以 *Basic Writings* 稱之），在 1963 年出版，爲德氏的 *The Works* 出版之後，另一部《荀子》英譯。*Basic Writings* 一書雖然與德氏的譯作同爲《荀子》一書的選譯，但該書選譯的篇章只有〈勸學〉、〈修身〉、〈君道〉、〈議兵〉、〈天論〉、〈禮論〉、〈樂論〉、〈解蔽〉、〈正名〉、〈性惡〉等十篇，較 *The Works* 選譯的篇數少，在該譯作的前言中，也介紹了荀子的生平背景、學說概述以及在之後的流傳與研究等，算是 Watson 對《荀子》一書的總論。

至於 *Basic Writings* 一書所採用的參考資料，在 *Basic Writings* 的〈前言〉第 14 頁的頁末，Watson 說明他所使用的參考資料：在中文方面，採取自王先謙《荀子集解》以後，至 1950 年代中國學界在這方面的注釋以及校勘的成果，

〔註15〕梅氏起初在〈荀子論「名」〉中對〈正名〉一篇的翻譯，主要是以王先謙的《荀子集解》爲底本，並參照梁啓雄的《荀子柬釋》（上海：商務印書館，1936年），在當時的學術環境下，也有可能參考了德氏的 *The Works*，然而到了〈勸學〉、〈王制〉等篇的翻譯，就以梁啓雄的《荀子柬釋》爲主要依據，而王先謙的《荀子集解》（上海：商務印書館，1929 年，萬有文庫版）以及德氏的 *The Works* 成爲較次要的參照，而〈王制〉一篇的翻譯除了參考這三本之外，還參照了王叔岷的〈荀子斠理〉（《中央研究院歷史語言研究所集刊》，第 34 本第 1、2 分，1962 年 1 月）、張亨：《荀子假借字譜》（臺北：台灣大學文學院，1963 年）、《荀子引得》、Burton Watson 的 *Basic Writings* 以及 Duyvendak 的〈對德效騫「荀子」翻譯的註解〉等中外學者在這方面的研究成果。

在日文方面有金谷治的《荀子》、《漢文大系》本的《荀子》，在英文方面有德氏的 *Hsüntze* 及其《荀子》譯作 *The Works*，和 Duyvendak 的〈正名〉篇翻譯：〈荀子論正名〉，以及哈佛燕京學社主編的《荀子引得》等。讓人意外的是，Watson 並沒有在這裡說明 *Basic Writings* 的譯文處理方式，筆者以為這只能就譯文中去考察，如〈天論〉中：「思物而物之，孰與理物而勿失之也」，Watson 在 *Basic Writings* 中是這樣翻譯的：

> Is it better to think of things but regard them as outside you,
>
> Or to control things and not let them slip your grasp?

不妨將這一段譯文與德氏在 *The Works* 中以逐字直譯來翻譯的譯文做個比較：

> How can thinking of things and comparing them be as good as looking
>
> after things and not losing them?

在〈天論〉中，從「大天而思之，孰與物畜而制之」到「願於物之所以生，孰與有物之所以成」等句，句式整齊，很有韻文的味道，然而德氏皆以類似「How can thinking of things and comparing them be as good as looking after things and not losing them?」此句一句到底的翻譯方式處理，就沒有表現出原文的韻味。相較之下，Watson 以類似「Is it better to think of things but regard them as outside you, Or to control things and not let them slip your grasp?」以逗點分開的問句方式處理，比德氏以一句到底的譯文，來得較能夠顯現原文的韻味。從這一句譯文的處理方式可以看出，Watson 對《荀子》的翻譯有考量到每一個句子的句中涵意，與德氏以字面意義為主的翻譯方式並不相同。簡單的說，Watson 對《荀子》的英譯，是以接近「意譯」的方式來處理的。

（四）陳榮捷 ── 〈天論〉、〈正名〉、〈性惡〉的翻譯

陳榮捷對《荀子》的翻譯，見於《中國哲學資料書》的第六章〈自然主義的儒學：荀子〉，陳氏在該章中僅選譯了〈天論〉、〈正名〉、〈性惡〉三篇，並在該章的緒言和譯文的段落之中，分別簡略介紹荀子當時的學術背景，以及使用註語的方式說明荀子的思想。

陳氏之所以在此處譯介〈天論〉、〈正名〉、〈性惡〉三篇，則是以為這三篇文章所討論的思想範疇，是「在他（荀子）討論的哲學問題中最重要的三

個」。〔註16〕而陳氏的譯文，除了選譯之外，其選譯的篇章除了〈天論〉一篇全譯之外，其餘兩篇皆以節譯的方式處理，而其翻譯的方式，大抵也是以接近「意譯」的方式處理。

（五）John Knoblock ──《荀子：全書的翻譯與研究》

在目前美國漢學界中《荀子》唯一的英文全譯本，是 Knoblock 的《荀子：全書的翻譯與研究》（此後以 *Xunzi* 稱之）。這一套三本的《荀子》英文全譯本是由史丹佛大學出版社先後於 1988 年、1990 年以及 1994 年出版，所採用的底本是王先謙的《荀子集解》與久保愛的《荀子增注》。然而 Knoblock 對該譯作的處理方式，顯然不只是單純的對《荀子》的全書翻譯而已，*Xunzi* 一書的整體架構可以分為前言、序文、各篇的譯文以及在譯文前的導言、注釋、參考書目以及補充參考書目、附錄、術語表以及索引等，茲分述如下：

　　前言：包括了對荀子的思想與思想背景的介紹，以及對《荀子》一書的
　　　　　版本探討、和《荀子》一書在中國以及在世界各地的流傳與研究
　　　　　的簡述。

　　譯文：對《荀子》各篇的翻譯。在各篇譯文之前則有導言，概述各篇的
　　　　　思想觀點和這些觀點與其他思想家的主張之間的關係。

　　注釋：處理各家注解的說法，如有不同說詞時，則順帶說明譯者的選擇，
　　　　　除此之外，也會連帶處理版本文字上的問題。

　　參考書目以及補充參考書目：列舉 Knoblock 在進行翻譯時，他所儘量搜
　　　　　集、參考的中、日文資料。

　　術語表：解釋當時中國人對某些社會及自然的基本觀念進行表述時，所
　　　　　採用的特殊語彙。

　　索引：用來檢索《荀子》一書的詞語。

　　就篇幅而言，為全書主體的譯文部分只佔 *Xunzi* 全書的三分之一。以 *Xunzi* 一書的整體架構和篇幅的分配來看，Knoblock 顯然不只是要讓 *Xunzi* 成為第一本《荀子》的英文全譯作而已，如其書名的副標題：「全書的翻譯與研究」所言，Knoblock 的目的是要將 *Xunzi* 成為一部全方位的研究型《荀子》英譯著作，而在該書出版之後，也的確為其研究之精細以及資料徵引的廣博而獲得不少好評。此外，Knoblock 的譯文在字詞上，乃至於在文意上也力求貼近荀子的原意，

〔註16〕見 Wing-tsit Chan, *A Source Book in Chinese Philosophy*, p. 116。

而他這種力求全面接近《荀子》原本的做法，也獲得學界的一致肯定，使得這個譯作在問世之後，被認爲是英語系中《荀子》譯作的新標竿。

不過 Knoblock 的翻譯也不是全無問題。前面說到 Knoblock 的譯作力求貼近《荀子》一書內容的原意，這是他這本譯作最凸顯的長處，然而他在力求貼近原文涵意時，也難免有些做過頭的地方，如大陸學者蔣堅松就指出 Knoblock 總以「altars of soil and grain」來翻譯「社稷」，而不是用「state」或是「country」等字來意譯，就有過於繁瑣的嫌疑，[註17] 而 Knoblock 自己對《荀子》原文的理解也有不足之處，然而這些不過是美玉微瑕，掩蓋不了 *Xunzi* 是一部好的譯作這個事實。

二、譯本述論

此處以篇章選取、譯文理解、研究者對譯作的使用以及《荀子》全譯本所以晚出的原因等方面對這五種譯作進行比較與討論：

（一）篇章選取

如前所述，這五種譯作除了 *Xunzi* 之外，均爲選譯，這裡便將這四種譯作所選譯篇章條列如下：

1. 德氏的 *The Works* 〈勸學〉、〈修身〉、〈榮辱〉、〈非相〉、〈非十二子〉、〈仲尼〉、〈儒效〉、〈王制〉、〈富國〉、〈君道〉、〈議兵〉、〈彊國〉、〈天論〉、〈正論〉、〈禮論〉、〈樂論〉、〈解蔽〉、〈正名〉、〈性惡〉。

2. 梅貽寶的翻譯 〈正名〉、〈勸學〉、〈王制〉。

3. Burton Watson 的 *Basic Writings* 〈勸學〉、〈修身〉、〈君道〉、〈議兵〉、〈天論〉、〈禮論〉、〈樂論〉、〈解蔽〉、〈正名〉、〈性惡〉。

4. 陳榮捷的翻譯 〈天論〉、〈正名〉、〈性惡〉。

將這四種譯作進行比對，可以看出〈正名〉一篇是這四種選譯作品唯一均有選譯的篇章，而〈天論〉、〈性惡〉二篇則爲除了梅氏的譯作之外，其他三種譯作所共同選譯的篇章。若以選譯篇章較多的 *The Works* 與 *Basic Writings* 這二種譯作進行比較，至少可以得知德氏以及 Watson 均認爲〈勸學〉、〈修身〉、〈議兵〉、〈天論〉、〈禮論〉、〈樂論〉、〈解蔽〉等篇亦爲《荀子》一書的重要

[註17] 見蔣堅松，〈文本與文化——評諾布諾克英譯本「荀子」〉，《外語與外語教學》1999 年第 1 期，43 頁。

篇章。〔註18〕

　　這樣的比較有何意義？筆者以爲，如果譯者要對一部論著進行選譯，必定會選取譯者本人或者是當時學術界所公認較爲重要的篇章。將這四部《荀子》選譯本所選譯的內容進行個比較，可以呈現出當時美國漢學界對荀子研究的共識：〈天論〉、〈正名〉、〈性惡〉三篇中所陳述的理論，乃荀子學說中最重要的部分。

　　那麼這四種譯作均選譯〈正名〉一篇，又代表了什麼意義？筆者以爲，這是因爲美國學者認爲荀子在〈正名〉一篇所展現的名學理論，在中國的名學發展中佔有相當重要的地位，而且其中的思維方式也相當近似於古代希臘思想中的邏輯觀，很能引起美國學者對它進行研究探討的興趣，除此之外，〈正名〉一篇的理論在某種角度來說，也可以說是荀子推衍其學說的基礎原則，從這方面著手，也有助於釐清荀子的學說。

（二）譯文的處理

　　筆者以爲，譯文的優劣與否，是由譯者對譯文的理解而來，至於譯者對譯文的理解，則可以由字句的處理與文章中的分段看出端倪。由於這五種譯作皆譯有〈正名〉一篇，於此便以〈正名〉篇之首段「後王之成名：刑名從商，………後王之成名，不可不察也」爲例，從字句的處理和譯文的分段兩個角度觀察此五種譯作的處理方式。

1. 字句的處理

　　就專有名詞而言，此段中較值得注意的詞語便是「後王」一詞。「後王」一詞在《荀子》一書中，是指周文王、武王乃至於周公等人，而將他們與堯、舜、禹等所謂的「先王」區隔開來，有學者以爲這可以看出荀子特別重視在周代所建立的制度。〔註19〕在這五種譯作中，德氏、梅氏以及 Knoblock 在此處均將「後王」譯爲「the later kings」，Watson 則譯爲「the (true) kings of latter

---

〔註18〕至於這二種譯作在〈榮辱〉、〈非相〉、〈非十二子〉、〈仲尼〉、〈儒效〉、〈王制〉、〈君道〉、〈富國〉、〈彊國〉、〈正論〉等篇的選取上有所出入，林宜均在其論文《〈荀子・天論篇〉三種英譯之商榷》（《輔大中研所學刊》第七期，臺北：輔大中研所，1997 年 6 月，頁 419-439）中以爲是 Watson 的標準出了問題，筆者以爲這只顯示出德氏與 Watson 兩人對這些篇章是否爲《荀子》一書中的重要篇章這個方面有各自不同的見解而已，也就是說，這只是選取的標準不同的問題，與觀念的對錯沒有直接的關係。

〔註19〕見 Wing-tsit Chan, *A Source Book in Chinese Philosophy*, p. 127。

times」，〔註20〕陳氏譯爲「sage-kings」或是「latter-day king」。

先討論德氏等人所用的「the latter kings」一詞。雖然德氏、梅氏以及 Knoblock 等人均用「the latter kings」三字譯「後王」一詞，但是在大小寫的處理上各不相同：德氏用的是「the latter Kings」，梅氏用「the latter kings」，而 Knoblock 以「the Latter Kings」譯「後王」一詞，這也可以看出他們對「後王」一詞範圍的理解各有不同：德氏的「the latter Kings」一詞，是指相對於「先王」堯、舜、禹等人，在後世亦可稱爲「王者」的人，若將這個意義放在荀子那個時代的觀念裡，的確可以得到與荀子相近的概念，即周文王、武王以及周公等人；而梅氏的「the latter kings」一詞，所指涉的範圍就是「後來的國王」，當然也可以當成是「後世的王者」，亦即周文王父子等人，但是將這個字面意義放在荀子的時代，並不能凸顯出荀子「後王」的意義，所以梅氏對「後王」一詞在譯文的表現並不能說是正確的；至於 Knoblock 以「the Latter Kings」來處理，在範圍的限定上就比德氏更進一步，「Latter」與「Kings」二字均以大寫處理，更強調是「在『後』世可以稱的上是『王』者的人」，使得「the Latter Kings」在字義上更接近荀子原先所認爲的「後王」。所以在這三個以「the latter kings」的譯詞翻譯「後王」之中，以 Knoblock 的譯法最接近荀子的原意，德氏的譯詞也頗爲接近荀子的想法，梅氏的定義過於寬泛，較不可取。

接下來討論陳氏與 Watson 的譯詞。在五種譯作中，以 Watson 與陳氏的譯詞較趨於彈性，應該是譯者本人就不同處的文意而調整「後王」一詞在英文中的翻譯，然而筆者以爲他們在此處的做法略嫌多餘，尤其是陳氏的「sage-kings」與「latter-day king」的處理方式，反而將「後王」一詞的含意割裂開來，於不同處出現，更混淆了荀子對「後王」的定義，並不可取。

2. 譯文的分段

上述幾種譯作對這一段分段的差距並不大，大致上皆以「後王之成名，……是散名之在人者也，是後王之成名也」爲第一小段，「故王者之制名，……是謹於守名約之功也」爲第二小段，「今聖王沒、……此所爲有名也」爲第三小段，「然則何緣而以同異？……說、故、喜、怒、哀、樂、愛、惡、欲以心異」爲第四小段，「心有徵知。……此所緣而以同異也」爲第五小段，

〔註20〕Watson 在此段中先用「the true kings of the latter times」，在此段末尾則用「the kings of the latter times」，其間僅有「true」一字之差，所以此處以「the（true）kings of the latter times」來表示。

「然後隨而命之：……猶使異實者莫不同名也」爲第六小段，「故萬物雖眾，至於無別然後止」爲第七小段，「名無固宜，……謂之善名」爲第八小段，「物有同狀而異所者，……後王之成名，不可不察也」爲第九小段。

　　雖然彼此間的分段差異並不大，不過還是有些不同，其中較爲明顯的是 Knoblock 的分段。在 Knoblock 的譯作中對這一段就分爲六個部分，每一個部分又分爲一到五個不等的小段：第一部分「後王之成名：……是散名之在人者也，是後王之成名也」就從「散名之在人者」一句開始分爲第二小段；第二部分「故王者之制名，……是謹於守名約之功也」、第三部分「今聖王沒、……不可不察也」與第四部分「異形離心交喻，……此所爲有名也」均爲一段；第五部分「然則何緣而以同異？……此所以緣而以同異也」就分成三個小段，「然則何緣而以同異？……是所以共其約名以相期也」爲這個部分的第一小段，「形、體、色、理以目異，……說、故、喜、怒、哀、樂、愛、惡、欲以心異」爲第二小段，「心有徵知。……此所緣而以同異也」爲第三小段；至於第六部分「然後隨而命之：……後王之成名，不可不察也」分得較細，共分爲五個小段，「然後隨而命之：……大別名也」爲第一小段，「推而別之，……至於無別然後止」爲第二小段，「名無固宜，……異於約則謂之不宜」爲第三小段，「名無固實，……謂之善名」爲第四小段，「物有同狀而異所者，……後王之成名，不可不察也」爲第五小段。

　　將 Knoblock 的譯作的分段方式與其他四種譯作做一比對，可以發現 Knoblock 的分段在基本上與其他的譯作沒有很大的差距，然而在第一、第五、第六等三個部分的再分段，則可以視爲 Knoblock 對該段某些句子可以獨立成一個小段，或是可以綜合成一個大段，這就涉及到 Knoblock 對此段文意的理解。就筆者個人對這種分段方式的看法，以爲 Knoblock 的做法比較能展現出各部分文字中的連繫與層次感，如第一部分「後王之成名：……是散名之在人者也，是後王之成名也」，在其他四種譯作中，均將「後王之成名：……則因而爲之通」與「散名之在人者，……是散名之在人者也，是後王之成名也」分爲兩段，而 Knoblock 雖然也在這裡採取同樣的做法，卻將這兩個段落歸於同一個部分，就有注意到「後王之成名：……則因而爲之通」與「散名之在人者，……是散名之在人者也，是後王之成名也」這兩段文字在文意上的連繫關係，反過來說，Knoblock 也是因爲注意到這一部分的文字在前後文意上的差距，才會將這一部分的文字分爲兩段，至於這一段的第五部分與第六部

分，也都是以同樣的手法處理。這種的處理方式能夠兼顧這一段的文字之間的連繫關係與層次關係，並且清晰的表現出這一大段的文意。所以筆者認為，在這五種譯作中，Knoblock 的分段方式是比較合宜的。

（三）研究者對譯作的接受度

在這五種譯作之中，以德氏的 *The Works*、Watson 的 *Basic Writings* 以及 Knoblock 的 *Xunzi* 三種為專門針對《荀子》一書之研究而翻譯的譯作，所以它們在學界上的接受度也最高。

如前文所述，德氏的 *The Works* 是二十世紀美國漢學界的《荀子》英譯作品中，出版時間最早的一種，而德氏在這部譯作中，使用了與後來的同類譯作不同的翻譯方式：逐字直譯。從這一方面來說，德氏的 *The Works* 在五種譯作之中，可以說是譯文比較不流暢的一個，在荷蘭漢學家 Duyvendak 的〈對德效騫「荀子」翻譯的註解〉〔註 21〕一文之中，就對德氏以直譯方式翻譯的譯文中，舉出部分可以譯得更為流暢的例句。然而德氏的 *The Works* 在當初的設定上，便計畫要以譯文能夠對原文涵義的完全貼近取勝，是否通俗易懂，則不在他的考量範圍之內，所以譯文不夠流暢，也就成為包括譯者在內，大部分使用這部譯作的學者對它的一致批評。

然而這部被認為譯文不夠流暢的譯作，在 1963 年之前能夠成為美國漢學界研究《荀子》的唯一參考用書，還可以說是因為二次大戰的關係，一時還無法出現在質與量上至少能夠和它相提並論的同類譯作出現，但在 Watson 所翻譯的 *Basic Writings* 出版之後，德氏的 *The Works* 仍然未被時代所淘汰，原因何在？如前文所述，Watson 翻譯的 *Basic Writings* 雖然選譯的篇章比德氏的 *The Works* 少了一半，但是在正確性大致相等的情況下，在譯文的流暢度就明顯佔有優勢，以當時的條件與標準來衡量，*Basic Writings* 在學界裡是很有競爭力的，但是 *Basic Writings* 仍然不能完全取代 *The Works* 在當時荀子研究上的參考價值，筆者以為原因在於當初德氏在 *The Works* 的譯文處理方式與選材：德氏在 *The Works* 的〈序〉中曾經提過他對 *The Works* 一書的選材以及譯文的處理方式：「（我所選譯的篇章為）非後世偽作，而且是重要（的）。……我覺得若要使譯文更為精確，逐字直譯（的處理方式）會比譯文本身的文學性來得重要。」這使得當時的使用者雖然對 *The Works* 的譯

〔註21〕見 Jan J. L. Duyvendak, "Notes on Dubs' Translation of Hsün Tzu", *T'oung Pao* 29（1932）, pp. 1-42.

文不滿意，但至少在可以取得較多的研究素材，而且也不用太擔心會錯解原
文的意義。在 *Basic Writings* 出版後，雖然在譯文的品質上稍有不如，卻也
因為選譯的篇章仍較 *Basic Writings* 多出近一倍的數量，又是「非後世偽作，
而且是重要」的篇章，對使用者來說仍然具有一定的吸引力，這也使得 *The
Works* 這部最早問世的譯作在 1963 年有競爭者出現以後，仍然在荀子學研
究上具有一定的參考價值。

　　至於第三部針對《荀子》的英譯作品，也是美國漢學界目前唯一一本《荀
子》的英譯全本——*Xunzi*，在 1994 年三卷本全部出版以後，逐漸取代了 *The
Works*、*Basic Writings* 乃至於《中國哲學資料書》這三本書在美國漢學界荀
子研究方面的參考價值。一般認為，這部譯作在蒐集資料上以及在縱觀當時
的背景等方面，的確是做得相當不錯，譯文基本上也與《荀子》原文大致相
合，但在部分詞語上的理解與表達還是有可以改善的地方。除此之外，美國
學者 Christoph Harbsmeier 也指出，這部譯作雖然在資料蒐集上能做到旁徵
博引，但仍免不了會出現「旁徵博引」所帶來的過於繁瑣的解釋，以及說法
前後不一等後遺症。

　　與前述的 *The Works*、*Basic Writings* 以及 *Xunzi* 三部針對《荀子》一書進
行英譯的專著相比，梅貽寶以及陳榮捷他們的譯作選譯的篇章太少，顯然在
參考價值上就有所不足。然而在這裡應該注意的是：他們的這些譯作並不是
專門針對《荀子》的翻譯。就翻譯的目的而言，陳氏是為了方便讀者理解荀
子學說上的重點，而梅氏就純粹只是用來方便讀者能將譯文與論文中的論點
相互參照而已，這在他將相關的譯文列為附錄一事上就可以瞭解的了。換句
話說，梅氏與陳氏在進行這些篇章的翻譯時，對於參考價值方面的設定，並
不是以研究《荀子》一書為最主要的目的。也因為如此，在這五種譯作中，
以這兩種譯作的使用者最少。〔註22〕

（四）《荀子》全譯本晚出的原因

　　與許多儒家典籍在 16、17 世紀就被譯成歐洲語文，並在接下來的幾個世

〔註22〕陳氏的《中國哲學資料書》一書對《荀子》所選譯的篇章雖少，但是一來是
　　　　選取「在他（荀子）討論的哲學問題中最重要的三個」，二來該書的影響力
　　　　大，所以在 Knoblock 的 *Xunzi* 出版之前，尚有柯雄文以及部分學者會在研究
　　　　《荀子》的論文上參考其中的內容，至於梅氏的翻譯，就筆者所知，似乎無
　　　　人在論文以及相關著作中有所引用。

紀在歐洲湧現許多不同版本的譯作相比,《荀子》的篇章在 19 世紀晚期才出現第一篇翻譯,而在二十世紀的美國漢學界中,諸如《論語》、《老子》、《莊子》等中國思想典籍,不但早有譯介,而且不時會有新的譯作出現,但《荀子》一書在 1928 年始有第一本英文選譯作品 *The Works* 問世,至 1994 年才出現第一套完整的《荀子》英文全譯作,前後相隔約六十餘年之久,其間也不過只出現三種選譯的作品,就譯作的數量而言,在眾多英譯的中國典籍之中,也可以說是相當少的了。這種情況讓不少美國漢學界中的學者感到費解,針對這一種現象的出現,Knoblock 則如此認為:

> 《荀子》一書……在西方從未像《論語》和《孟子》受到一樣受到帝王般的禮遇。它既不像墨翟一樣,被推定比基督教更早提出「兼愛」的思想,也不像《老子》與《莊子》一樣,擁有流暢恣肆、娓娓動聽的文字,因此《荀子》向來無法引起譯者們的興趣。荀子的言論嚴謹認真、細緻縝密,使他的文章雖然明白易懂,卻也讓人意興索然。對於一般讀者來說,他(荀子)的思想的「中國性」似乎不夠,原因在於它既不能以不可思議的東方所獨有的深奧神秘引人入勝,又因為它過於有條不紊、精確嚴密,使人無法對終極的事物做無窮的遐想。〔註23〕

簡單的說,Knoblock 認為在當時《荀子》的英譯工作之所以很少人會願意去做的原因,在於《荀子》一書不論在所呈現的思想、所使用的文字風格,與《論語》、《孟子》、《老子》、《莊子》等既為中國思想之主流,又富有異國文學意涵的典籍相比,實在是平淡無奇到讓西方人對它提不起深入探究的興趣,在吸引力上就不如其他能展現所謂的「東方風味」的中國典籍,自然也很難讓西方人能對它提起全面譯介的興趣了。

　　Knoblock 的觀點或許也點到當時歐美漢學界對於《荀子》一書的看法,然而筆者以為這種情況的出現與《荀子》本身在中國的地位低落,以及美國的《荀子》研究的發展比較有關係。眾所周知,中國儒學思想的主流向來以孔孟並稱,至於荀子的學說,甚少有人將之與孔孟相提並論,即使有,大多也以被批判者的角色出現。這種情況或多或少都會讓人有種印象:荀子的學說在中國的思想主流之一——儒學——中的地位並不重要、或是處於一種叛逆的地位。這種印象也讓研究中國先秦思想的國外漢學家以為荀子的學說並

〔註23〕見 *Xunzi* Vol. I, 'Preface', viii.

非中國的主流思想的內容之一，而不認為可以從研究荀子的學說中理解到中國最主要的價值觀，從而忽略了對《荀子》的譯介與研究的工作。

此外，美國的荀子專題研究始於 1927 年德氏的著作 *Hsüntze* 的出版，如前所述，他的譯作，也就是美國漢學界的第一部《荀子》英譯：*The Works*，於次年出版，在此後的數十年之間，美國的荀子研究多以這個譯作為研究《荀子》一書內容的重要參考書，所以在二次大戰結束之後的幾十年間，美國的荀子研究也就侷限在德氏所謂的「重要」篇章裡，就連在這一段時間出現的選譯作品，在選材上也很少踰越德氏所選譯的內容，〔註 24〕直到 1970 年代，始有學者注意到《荀子》一書在德氏所謂「重要」篇章之外的內容，於是乎有要求全譯本出現的呼聲出現。

三、從譯本看此時美國荀子研究的發展方向

前面曾經提過：從對典籍的譯介與接受可以看出研究方向的轉變。若是以這個觀念為標準，我們可以從前面對於譯本的論述中，察覺到美國的《荀子》研究在很長一段時間內大抵是以德氏所謂的重要篇章——也就是《荀子》一書中有關政治、倫理以及名學的部分的篇章——為研究的重心。這種情況一直到 1970 年代和 80 年代以後，才有較為明顯的轉變，*Xunzi* 的出現便是一個很明顯的徵象。

美國的《荀子》英譯在思想典籍的翻譯工作中之所以較為冷門，除了因為《荀子》本身在中國的思想地位較不受重視，使得國外的漢學研究者容易忽略它之外，也如同 Knoblock 所說的，《荀子》本身的思想與文字表達方式讓國外漢學研究者興趣缺缺，造成在這個時期裡《荀子》在美國的譯作只有一種全譯本、兩種選譯本以及兩種篇章選譯作品這種情況出現。

雖然如此，我們還是可以從中看出美國漢學界在荀子研究這方面發展的大概軌跡：從對思想學說的介紹發展到對學說重點的探討，再從對學說重點的探討演變到對《荀子》一書整體的研究。也就是說，從對《荀子》一書的譯介情況中，可以發現美國漢學界的荀子研究也是從所謂的概略介紹開始，然後再深入研究其中的重要篇章，之後，再擴展到對全書的整體性研究。其

〔註 24〕 如 Watson 在 *Basic Writings* 選譯的篇章中，就大多與德氏的 *The Works* 相同，其中選譯的篇章有出入者，甚至還被部分學者批評，可見德氏譯作的影響力之大。

中，五種譯作均譯有〈正名〉一篇，除了可以證明他們已經察覺到〈正名〉一篇在《荀子》的思想體系中有其特殊地位外，也可以看出美國漢學研究者對名學的重視。

第四章 1994 年～2003 年美國荀子研究述要

　　1994 年以後的美國荀子研究基本承襲了 80 年代以來的研究方式以及研究成果，而此時美國的荀子研究之所以與以前有所不同，原因之一，在於此時美國學界的倫理學研究風氣漸趨興盛，使得此時美國學者在針對先秦儒家思想進行研究時，比以往更為重視其中比較契合於倫理學的部分，因此，也讓此時的美國荀子研究有「倫理學化」的趨勢；另外，郭店竹簡的出土，不但影響到此時先秦思想的研究，餘波所及，也讓考古文物成為此後荀子研究的資料來源之一；此外，處於世紀末的時空環境下，也使得研究成果的回顧，成為此時美國荀子研究的內容之一。由於這些外在環境的影響，使得此時的美國荀子研究有別於以前單以現存文獻為參考依據，僅針對各個思想範疇的單獨探討，轉而開始對荀子思想進行整合性的研究，並有將考古文物納入研究資料的打算，而研究成果的總結，也成為此時美國荀子研究的特色之一。

　　本章將此一時期美國荀子研究的所有論著全部予以摘要說明，作為探討此一時期研究成果的依據。

第一節　荀子研究述要（一）

一、艾文賀，〈荀子之人性與道德理解〉〔註1〕

　　艾氏在本文中以為，孟子在其人性論中所討論的「人性」，是就「人性」

〔註1〕　見 Philip J. Ivanhoe, "Human Nature and Moral Understanding in Xunzi", *International Philosophical Quarterly* 34.2（1994）, pp. 167-175。

中異於其他生物的部分做為討論的中心，並且將人性中與其他生物相同的部分排除在外，而他的道德修養論，便是將人性中特異於其他生物的部分——即所謂的「善」——在實際生活中予以擴充、實踐。這一理論有個特徵，即是「心」、「性」不分，性善，所以心善。但荀子並不認同孟子的這種觀點，而且也否認人性之中有所謂道德成分的存在。

荀子以為所謂的道德需要經由後天的認知、學習，才有實踐的可能。這種見解建立於他對人性的認知：人性之中並無所謂的道德成分存在，所以對本性的開發並沒有實現道德的可能性。荀子以為，人對道德的追求，是要經由對外界的、已經有聖人規範好的禮義的學習與身體力行，才有可能。因此，對事物的認知與辨別就成為荀子在道德論的重要環節。

艾氏以為，荀子這套理論的出現，是由孔子思想中「禮」的觀念發展、衍生出來的，這與孟子在理論的立足點上有著決定性的不同。因為荀子的理論以「禮」為理論的中心，所以他對人性的理解、對道德修養，乃至於對政治與其他諸子學說的批評，都是以「禮」的客觀存在及其觀念做為考量的標準。也就是說，荀子之所以在人性論上主張「性惡」，就是為「禮」的觀念尋求人性論方面的理論依據。

既然以對事物的認知與辨別做為其道德修養論的重要環節，荀子就必須在這方面建立一套理論，因此，荀子就提出認知的本體與認知的標準的配套觀念：關於認知的主體的理論為「心論」，而認知的標準就是「名論」，它們在荀子的道德修養理論中相輔相成。也因為如此，「語意」的理解在荀子的道德觀中的重要性，比起孟子強調先驗道德的道德觀，相對來說就強了許多。

後來的學者在研究荀子的思想時，對荀子的「性惡」觀念就有相當熱烈的討論，如歐美漢學界第一位對荀子思想進行全面性研究的德效騫，就認為荀子的「性惡」說雖然與基督教神學中的「原罪」說並不相同，但荀子在人性論方面主張性惡應該是不爭的事實，而之後的學者對此觀念也有著各自不同的議論。艾氏以為，從荀子在人性論方面的「性惡」理論中，可以看出荀子並不像孟子一樣，對人性在道德修養方面所能起的作用深具信心，而傾向以外在的規範來彌補人在這個先天上的不足，於是在其理論中再三強調外在規範對道德修養的重要性，並從對語言定義的一致性以及人本身對於外界事物的認知能力與判斷能力，來建構一個人與外在規範在道德修養方面的堅強聯繫。將此一觀念與荀子在理論上的立足點綜合起來，就可以明白的看出荀

子爲何在其學說中抱持著這樣的理論。

二、John Makeham，〈墨辯與「荀子」中唯名論者之命名理論〉〔註2〕

本文爲 Makeham 的著作《早期中國思想中的名與實》中的第二篇第三章，其主旨在探討後期墨家與荀子在名學方面的觀點。

後期墨家是先秦時期第一個提出有系統的、且較爲完整的邏輯觀念的學派，而他們在名學方面的論說，可見於《墨子・經上》、〈經下〉以及〈經說上〉、〈經說下〉等篇。Makeham 以爲，根據這些篇章的內容，可以得知後期墨家在名學這方面的觀點，是以當時的認知爲基礎，對外在事物的各種現象之所以出現的原因，及其特徵之原理再作更爲深入的推測。然而，此一舉動使其論點脫離了當時人們對於事物的普遍認知，而有較爲抽象的概念出現。也因爲如此，在《墨子》中所收入的後期墨家的理論，就有傾向較爲抽象的「唯名」觀點。

荀子在這方面的理論，則是以「實」來指稱特殊之個別對象，以「物」來概括指稱事物之對象，即所謂「大共名」(《荀子・正名》)。在荀子對於「名」的分類中，「大共名」是指最普遍的概念，其他如「共名」、「大別名」均有一定之範圍限制。

在荀子之理論中，命名之目的在於區別不同的事物：

> 名無固宜，約之以命，約定俗成謂之宜，……。名無固實，約之以
> 命實，約定俗成，謂之實名。(〈正名〉)

Makeham 以爲此即荀子唯名論之命名理論核心。藉由制定特定的稱呼，統治階層建立了區分事物的界限，也只有這個時候，才可以將命名視爲約定俗成的事情。

在語言學家的觀念中，語言亦爲一種社會約定之觀念，而陳漢生也有相近的看法。在荀子的理論中，也的確認爲對事物的命名具有隨意而約定的性質，然而荀子以爲對於諸般事物之意義的劃分是統治階層的權責，其用心所在也偏向於實用，語意的部分反而不是最受重視的地方。

至於荀子的制名理論，其目的與最終之關懷亦在於政治性質上的實際運

〔註2〕 見 John Makeham, "Nominalist Theories of Naming in the Neo-Mohist *Summa* and *Xunzi*", in *Name and Actuality in Early Chinese Thought*（Albany: State University of New York, 1994）, pp. 51-64.

用，所以，在荀子的論說之中，「命名」一事爲君主的權限，而其理想之架構亦以使聖王建造出一種足以確保政治與社會秩序之名的系統爲其目的。

此外，Makeham 認爲在東漢晚期的徐幹在名論的觀點上亦與荀子相近，同樣的注意名實相符在現實環境中所能起的作用。然而與荀子相比，處於瀰漫著重名輕實風氣之東漢晚期的徐幹，顯然更著重在實際行爲上的效驗與根據，而在思想上有著重實輕名的傾向。

三、Jane Geaney，〈荀子：視／行與聞／言〉〔註3〕

本文爲 Jane Geaney 於 1996 年在芝加哥大學的博士學位論文《古代中國語言與感官的區別》中的第四章，其內容就《荀子》中關於感官知覺部分的理論做一研討。

視、聞與行、言，一組是人對外界訊息的接收，一組是行爲的展現，Geaney以爲，在荀子以智達善的觀念中，特別重視認知上的明晰，以及行爲上的適度，所以，荀子對感官的運用頗爲重視，因爲這不但會影響到對外物的認知是否正確，也影響到感官之主——「心」——對於外界環境之認知與判斷是否正確，進而使人的行爲是否恰當。

Geaney 在本文中列舉《荀子》中所有關於視、行與聞、言的字句，並以爲從其論述的文字內容中，可以察覺到荀子自身也注意到視、行與聞、言在道德之修養與行爲，以及在政治上的作用，同時亦指出它們在個體與外界的接觸上有其侷限，所以在其相關字句中特別強調應該對它們的運用持謹慎的態度，並且以冷靜、客觀的「心」來操縱它們，以求避免因爲本身的侷限而造成在行爲與認知上的偏頗與失誤，盡可能的藉此使自身之行爲與判斷能夠符合所謂的道德標準。除此之外，由於它們也可以顯示與影響政治措施在人民中的作用，所以，荀子也特別注意禮樂在社會規範與政治上的運作。

換言之，Geaney 認爲藉由視、行與聞、言這兩組收發的概念，可以觀察出政教措施對於人民的影響，以及人自身的觀念，所以，在探討思想家的道德與政治思想的時候，他們在這些觀念上的陳述也是值得觀察的地方，而從對這些觀念的觀察中，也可以探查出荀子思想的某些特徵。

〔註3〕 見 Jane Geaney, "Xunzi — Eye/Action and Ear/Speech", in *Language and Sense Discrimination in Ancient China*, Ph.D. dissertation（University of Chicago, 1996），pp. 103-143.

四、孟旦，〈「荀子」中的反面人物〉〔註4〕

　　孟旦在本文中指出，在《荀子》一書之中，對當時的諸家學派的學說均有所敘述、批評，而其中以墨子的學說在社會建構上的理論與荀子差距最大，所以墨子在這方面的理論常被荀子拿出來批評。

　　孟氏以為，荀子雖然在發展或推演名論以及其他範疇上的論說時，可能吸收了一些墨家的觀點，但這並不表示荀子不會反對墨家的理論，相反的，由於墨家在社會治理上提出了「非樂」、「節用」、「節葬」等與荀子以禮治國相對立的觀念，所以荀子對墨家的這些學說的批評次數也就特別多。譬如在〈富國〉篇中，荀子就對墨家主張「節用」的觀點進行嚴屬的批判，認為墨家的「節用」理論並沒有徹底的解決墨家所要處理的資源運用問題。荀子以為資源運用這個問題的癥結，在於如何適度的開發、使用與分配，讓每個人都能得到、使用到他所應該運用到的資源，並將這些資源發揮出它們對人類社會的效益，而不是只有片面的節約資源，不去考慮如何做有效的運用。換句話說，荀子以為墨家在提出這些與「禮」相扞格的論說時，沒有提出能確切解決問題的主張。〔註5〕在其他篇章中，如〈樂論〉、〈正論〉等，荀子也或點名、或暗示的批判墨家在「非樂」、「節葬」方面的主張，也都認為墨家的這些觀點並沒有全面認識到「禮」在人群生活中的重要性，並在其他的篇章中，提出「禮」在人群社會中的重要性，以及「禮」之符合「道」的論據，間接對墨家的這些觀點提出反證。

　　此外，荀子也在「情」與「欲」的處理方面反對部分墨家支派在這方面採取完全壓制「情」「欲」的主張，而以為應該以禮樂來調節「情」「欲」在日常生活上的展現，使之合乎所謂的道德規範。

　　儘管在荀子的學說之中，墨家被視為一個反面的、被批駁的對象，孟氏還是認為不應該一筆抹煞墨家對荀子學說的影響，而是要正視這個事實。

〔註4〕　見 Doland J. Munro, "A Villain in the *Xunzi*", in Philip J Ivanhoe ed., *Chinese Language, Thought, and Culture*（Chicago: Open Court, 1996）, pp. 193-201.

〔註5〕　孟氏也在這篇論文中指出，因為德氏在當初誘譯〈富國〉時，對於荀子對墨家經濟觀念的批評的一段文字予以省略的關係，使得許多英語系國家中研究先秦諸子的學者們在 1990 年 Knoblock 氏的 *Xunzi* vol. 2 出版之前，都沒有注意到荀子與墨家在經濟觀念上的論爭，以及墨家學說在這個論爭中所扮演的角色。此觀點見同前註，頁 194。

五、倪德衛,〈荀子論「人性」〉〔註6〕

　　倪氏在本文中認爲孟子與荀子在學說上最大的不同,就是在人性的善惡有著迥異的論點。孟子的人性論主要見於《孟子・告子上》中孟子與告子在人性論方面的討論,至於荀子在這方面的說辭,則主要見於《荀子・性惡》。倪氏以爲他們之所以在人性論上有著不同的見解,在於他們從不同的角度理解人性:孟子以「人」的角度來理解人性,著重在人之所以異於其他生物的地方;而荀子則是從「性」的觀點作爲其議論人性的立場,焦點放在人與其他生物相同的生存本能。

　　倪氏認爲,在荀子的人性論中,「僞」的觀念是一個重要的論點。在荀子的學說中,雖然對人性論方面有「性惡」的主張,但是,在其他的篇章中,卻又提出人與萬物雖然有著相同的本性,而人之所以爲人,是因爲人與萬物有著決定性的差別:「義」。而「義」在人外在行爲上的表現,則有待於「僞」的培養以及其他相輔相成的要素。

　　在荀子的觀念中,人性之所以爲惡,在於人的感官本身並沒有所謂的自制能力,在追求對物欲的滿足的時候,往往會因爲缺乏節制而導致人們彼此間的爭奪,進而釀成人群之間的混亂。爲了根除這個因爲不知自制而導致人群之間的混亂,荀子以爲只有依循聖人在積累經驗之後,而創制出來的「禮義」。然而,這就出現一個問題:性惡之人如何接受約束他們的「禮義」?荀子以爲,人之所以爲人,在於人在認識事物之後,還能用「心」對它們進行思考。所以,「心」的認知與判斷能力,就成爲人接受「禮義」,並據以進行道德修養的關鍵。依此,荀子在修養致善的觀點,與亞里斯多德的「以智達德」的想法有相當近似的地方。

　　所以荀子的人性論可以如此解析:因爲對某種事物的缺乏(人性無善),所以對某種事物有所需求(希望得善),接著,便是設法取得所缺乏的某種事物(思考得善的方法,並去實踐)。而在實際的實踐上,則是在經過思考之後,認爲如果是善,目前我尚未做到,而是我做得到的,我去做;相反的,如果是惡,我現在正是如此,那麼我就放棄它。

　　所以在荀子的修養論中,認知與思考是相當重要的關鍵。然而荀子以認

〔註6〕　見 David S. Nivison, "Xunzi on 'Human Nature' ", in Bryan W. Van Norden ed., *The Ways of Confucianism: Investigations in Chinese Philosophy*（Chicago: Open Court, 1996）, pp. 203-213.

知與思考做爲修養的依據的觀念有個問題：對事物的認知與思考並不一定可以使人在行爲上作出正確的判斷，而且人也不見得會完全按照他們對事物的認知與思考作出判斷。這一疑點，也暴露出荀子的道德修養論缺乏強制力這個弱點。

六、David B. Wong，〈荀子論道德動機〉〔註7〕

　　Wong 氏在本文中指出，荀子的「性惡」觀念從根本上否定了人可以藉由本性去追求道德的可能，換句話說，荀子不認爲人的道德修養的動力來源在於對人類本性的追求。既然道德修養之動力來源不在於人性之內，所以荀子以爲，若要使人進行所謂的道德修養，就只能外求──即是對外在規範的認知與遵守。就此而言，荀子的看法與西方思想家霍布斯頗有相近之處：霍布斯在其論著《利維坦》中指出，因爲人自私自利的心態，使其本身沒有自我約束的可能，而必須有外界的強力制約。

　　然而，同樣面對這種問題，兩人在解決的方式上卻有著極大的差異：霍布斯認爲由於人性的自私，使得人們會接受由國家的權力來制約他們，以維護他們的長期利益；而荀子傾向以道德規範來轉化人性中的欲望，使之爲長期的利益而努力。Wong 氏以爲，霍布斯經由國家權力來強制的觀念或許還說得通，但荀子以道德規範來轉化人性的觀點卻讓我們有一個疑問：這個理論要如何實現？

　　在荀子的理論中，人之所以有可能接受外在道德的制約，其關鍵在於人的另一個天賦之物──同時具有認知、主導行爲與判斷能力的「心」──的存在。在早先其他學者的研究中，便已經發覺到荀子在這方面的理論有接納道家論說，並使其爲自身之論點服務的痕跡，其觀照能力之論點便是一個例證。

　　至於道德修養的方式，在荀子的學說裡，則以「心」對於外物的正確認知爲主要的進行方式，並從這種方式來理解道德真正的意義與價值，再經由勤勉不懈的學習與身體力行，使之能完全融入人的生活習慣之中，而讓人完全接受這種由對外物的認知而得到的道德觀念。而這種道德修養觀念，也顯示了荀子的人性觀點具有一個特徵：人性具有很高的可塑性質。

　　這個特徵也可以由荀子由「禮」化性的主張看出：因爲在荀子所謂的人

〔註7〕　見 David B. Wong, "Hsün Tzu on Moral Motivation", in Philip J Ivanhoe ed., *Chinese Language, Thought, and Culture*, pp. 202-233。

性之中只有欲求的存在，若不對人本有的欲求加以限制，則會發展出所謂的「惡」。然而，欲求的滿足程度在荀子的觀念中，是可以由外在的制約，從無窮限制到對其地位來說是合理的程度。既然欲求的滿足程度可以予以適度的限制，那麼人性之轉化也就很有可能的了。

再反過來看孟子：主張「性善」的孟子並非如荀子在〈性惡〉中所說的認爲人性本善，而是以爲在人性中有讓人向善的可能，即所謂的「四端」，而人向善發展，則是要將這些可能發掘出來，並擴大到行爲與價值判斷的必然。然而這種修養方式在荀子的眼裡，並不能使人接受外在的制約，以控制人自身的欲求，所以這種內求的道德修養方式荀子不能接受。

也因爲荀子的道德修養方式是經由對於外界事物的正確認知，進而接受並修習屬於外在規範的「禮」，然而其過程也是相當漫長的，所以荀子對於其間的勤學不懈之態度頗爲重視，並認爲這種態度相當重要。此外，荀子所認爲的道德修養規範的「禮」，據他自己的理論，是由聖人根據人情的表現與歷史的經驗制訂的，其內容簡單的說，就是使人在各種場合之中，能夠依據自己的身分適度的表達自己的態度。然而情感的表達與聯繫，只有遵守「禮」的話，還不足以使人在情感上有正常的表現，於是荀子在〈樂論〉中，也強調「禮」和「樂」必須搭配運用，才能「禮」完全發揮其正面的功效，所以在提到荀子的道德修養時，「樂」的作用也不能輕易忽視。

七、顧史考，〈荀子論禮樂〉〔註8〕

顧氏指出，在荀子的學說中，是以所謂的禮樂爲中心，然而他在這方面的論說中，常以墨子的「非禮」與「非樂」做爲責難或質疑的對象，這固然是因爲墨子在這方面的觀點與荀子對立的關係，不過顧氏以爲，就墨子的「尚賢」觀點來說，墨子也並不完全否定禮的功能，而他之所以「非禮」、「非樂」，則是從當時在禮樂上耗費過多的物資著眼，從這一點來看，荀子在這方面的批評，也不是完全正確。

那麼，在荀子的觀點中，對禮樂的形成與功能又有何種說法？顧氏以爲，在「禮」這方面，荀子以爲人是有私欲的動物，同時也是群居的動物，爲了使個體的私欲與群體的利益能達到良好的平衡，就必須對個體的需求與職分

〔註 8〕 見 Scott B. Cook, "Xun Zi on Ritual and Music", *Monumenta Seria* 45（1997），
pp.1-38.

做一個界定，那就是「分」，而「分」的制度化就是「禮」。所以，「禮」就是為了平衡個體與群體之間的關係而出現的，而它的主要功能也就在此。

　　至於「樂」，荀子則以為人因為天性的關係，也需要從某些管道抒發其本有的感情，而「樂」就由此而生，換言之，「樂」生於抒發情感。而荀子也注意到「樂」的產生源自於人對情感的抒發，所以，認為它有連絡感情、抒發情緒等功用，而荀子同時也看中「樂」的這種功用，於是，在他的論說中，將「樂」設定成一個溫和的緩衝方式，使人較能接受「禮」對人的約束。也因為如此，荀子對於墨子「非樂」的主張非常不以為然。

　　也就是說，禮與樂在荀子的觀念中是一種導人於善的配套措施。儘管在荀子的學說思想中，對於「禮」的論說之比重是比較大的，但是也不能忽略掉「樂」在其中的地位。

八、Thoenton C. Kline III，《「荀子」中的倫理學和傳統》〔註9〕

　　Kline 這篇學位論文的主要目的在於分析荀子在道德論方面的論說，及其在先秦思想史中的定位。

　　本文從三方面來論述：

（一）歷史的敘述

　　Kline 先談荀子對先前其他思想家在學說上的承繼與回應。

　　孔子一向都被認為是儒家的開山祖師，而其思想是以處理當時「禮壞樂崩」的情況為主題。面對當時的情況，孔子呼籲恢復周公所制訂的禮樂制度，並認為不但要恢復周初的禮樂制度，還要重振禮樂制度所包含的精神。於是孔子便對這些禮樂制度予以詮釋，還指出人們應該以所謂的「仁」做為為人處事的基本原則，而抱有「仁」的精神與禮樂制度的遵守和恢復，便是孔子思想中的要點。

　　稍後的楊朱與墨子，便因為時勢的逐漸轉變，而與以孔子為首的儒家提出了不同的意見。以墨子為首的墨家，其最著名的論點便是「兼愛」與「非攻」，而墨子便以其「兼愛」之觀點反對儒家的以禮做為階層分級的標準，並發展出對禮樂制度的攻擊，以為禮樂制度除了違反「兼愛」之精神之外，也

〔註9〕　Thoenton C. Kline III, "Ethics and Tradition in the *Xunzi*", Ph. D. dissertation（Stanford University, 1998）.

對當時的物資運用造成無謂的浪費，進而提出「節葬」與「節用」之觀點。除此之外，墨子的後學也因應當時名家在語言觀念上的論說，而提出一系列有關邏輯的論說。

至於身爲道家先河的楊朱，則開始對自身之存在與意義作出省思，認爲人應該重視自身之存在與意義，發展出「貴我」之論點，以爲人不應該因爲與自己沒有相關的事物而作出犧牲自身或自身利益的事情。

再後來的莊子與孟子，則各自承繼了道家與儒家的學說，而另有發展：莊子接替了之前道家學者的觀念，發展出「自然」之觀念，認爲人生於世，就應該順從自然賦予自己的本性，並藉由對外界事物以及人爲之價值觀的超越與拋棄，而達到其理想境界——對自然的完全回歸，而莊子也因此發展出其回歸自然的修養方式，即其在「心」這方面的理論；孟子則繼承了孔子的「仁」的精神，並在理論上進行補充與建構，其中比較有名的便是「仁政」思想與以「性善」爲理論基礎之道德修養觀。

至於在先秦晚期的荀子，在綜合各家思想以後，也對當時的各家學說做出接納與回應的動作，並從孔子思想中的「禮」出發，認爲由對聖賢在累積經驗而制訂出來的「禮」的遵守，可以使不可能由自發自省而成善的人，在經由心的思辨與抉擇之後，可以達到個體的欲望與群體的秩序的平衡，而這也就是荀子在倫理學方面的論點。

（二）道德的動力：人性與道德

Kline 在此處參考了萬白安以及孟旦等人的觀點，以爲荀子在〈性惡〉篇中所提到的人性論，主要集中在人性之中亦有惡的可能，再配以其他篇章中對此思想範疇的相關敘述，則可以得知荀子人性論所涵蓋的範圍尚包含了「情」與「欲」等觀念。

依照〈性惡〉的內容，人生而有感官欲望——也就是荀子所謂的「性」——的存在，這是不論聖人或是平民百姓都是一樣的，然而在「性」的稟賦的平等之下尚有所謂的「君子」、「小人」等後天的道德價值上的分別，則所謂道德上的善就不能說是始自於人性，而是後天人爲的外加。

然而，荀子以爲「人有氣、有生、有知，亦且有義」（〈王制〉），人的天賦除了所謂的「性」之外，尚有所謂的「義」，而「義」的存在，使人有約束自己的欲望而追求道德善的可能。如此說來，似乎又與孟子的觀念相同，將「義」視之爲一種內在的道德因素，但荀子以爲「今人之性，固無禮義」、「性不知禮

義」（二語俱出〈性惡〉），則又把「義」視之爲外在的道德規範。面對此一矛盾，倪德衛以及 Hutton 等人將〈王制〉所言之「義」解釋爲非道德意義，而僅具有認知意義上的「義」。Kline 以爲此種作法甚爲可取，因爲荀子的道德修養理論在相當的程度上是依靠對於外界事物的認知來決定對自身感官欲望的約束程度，以這種想法來理解荀子在這方面的觀念，就比較容易解釋清楚。

　　Kline 最後點出，雖然荀子在人性論方面主張性惡，但是他的注意力並不放在這裡，也不像奧古斯丁一樣主張人性本惡，而是著重於如何以後天在人爲方面的努力，來彌補人類在這方面先天上的不足。

（三）道德的動力：道德修養

　　這裡繼續討論道德的動力這方面的論說，並將焦點轉移到道德修養的過程。

　　荀子認爲，遵守並學習能使欲望的滿足與秩序的維護達到平衡的「禮」，才是道德修養的正確方向，然而，從接受到遵守與學習，到最後的完全融入生活行爲之中，是一段相當漫長的過程，而且，爲何會接受，以及學習的對象和相關論點，也是荀子所要處理之問題。

　　在荀子的理論之中，人之所以能夠接受「禮」對於自身欲望的約束，具有辨知與判斷能力的「心」是其中的重要因素。荀子以爲，在「虛壹而靜」的情況下，「心」便有正確並客觀的認知外物的作用，而「禮」雖然會對人性造成約束，但是在「心」的認知與判斷之下，便會認識到「禮」的真正價值，並接納它對自己的約束。

　　至於學習之對象與相關論點，荀子以爲應該以聖王所制訂的「禮」，以及如《易》、《書》、《詩》以及《春秋》等傳世的經典做爲學習之對象，從中學習聖王所制訂的制度，及其在施政上面的偉大精神與用心，並以爲自身在道德修養上所應該遵循的道路以及目標。

　　除此之外，由於學習「禮」以及經典的道德修養過程相當漫長，其間若有任何的鬆懈，都會使得既有的道德修養出現問題，而教授「禮」與經典的人及其所教授的方式，也會對修習「禮」以及經典的人在觀點上造成深遠的影響，所以荀子在相關的論說上，也相當注重這些問題。在學習的過程中，荀子極力的呼籲人在以對於「禮」以及經典爲道德修養之對象時，必須抱持著勤勉不懈的態度，將每次所學習到的部分一點一滴累積起來，逐漸的構成自身完美的道德修養。至於對於教授「禮」與經典的人及其所教授的方式—

—即所謂的「師法」，荀子則主張學習「禮」以及經典的人應該在一開始的時候便要慎重的選擇，在選擇之後，則要無條件的去接納他的教授。

此外，荀子也以為能抒發人的情感的「樂」，也是在道德修養以及日常生活中所不可或缺的部分，也應該對它予以應有的注意。

另外荀子還指出在生活之中難免會因為情勢的關係，而讓人有在遵守道德規範與順應時勢而為之間的兩難。荀子以為，在面臨到這種情況時，應該視情況而作出變通的解決方式。

（四）傳　統

Kline 在此處以荀子的言論探討傳統在他的道德修養論中所扮演的角色。在這裡，Kline 藉由 Edward Shils 的理論作為思索荀子思想的依據，認為任何觀念的產生必然與其傳統觀念有一定之關係，也就是說，雖然荀子對在他之前的思想家以及其他學派的學者在論點上有所反駁，但是從其思想之中，卻仍然可以看出荀子的觀念也有受到他們的影響，並有選擇性的將他們的論說融合在自己的學說中，構成以他儒家這一個倡導「禮」的派系的論說為主，輔以其他學派可資利用的觀點的較為完整之學說體系，而荀子自己在其間所能起到的作用，便是使自己以「禮」為主的學說在理論上更加完整、更具有說服力。

第二節　荀子研究述要（二）

九、Edward G. Slingerland，〈「荀子」中的無為〉〔註10〕

Slingerland 認為，作為先秦諸子中的最後一位大師級人物的荀子，因為所處的時空環境的關係，使得他的思想得以融合之前各個學派的學說，雖然這使得許多後來的學者都不認為荀子的學說仍然屬於儒家的正統體系之內，但從他對各家學說的吸收，也可看出荀子對各家學說的去取關係，以及他是如何以儒家的標準，將這些學說重新組合。

Slingerland 以為，當時在人文環境上的「禮壞樂崩」——即傳統的價值觀面臨挑戰與轉變時，出身儒家的荀子以為，先王所制定的禮樂制度仍然是使

〔註10〕見 Edward G. Slingerland, "Wu-wei in the *Xunzi*", in *Effortless Action: Wu-wei as a Spiritual Ideal in Early China*, Ph. D. dissertation（Stanford University, 1998），pp. 345-411.

當時混亂的國家社會恢復秩序的不二法門。從這裡可以看出，荀子在其學說中的關注點：為了使廣大的群眾都能接受「禮」，所以他必須從各個思想範疇去為「禮」的合理性辯護。而這也可以解釋荀子自身在學說方面的建構，以及對當時各家學說的吸納與去取的標準：有助於詮釋「禮」的合理性之學說，均應有條件的吸取，將其中不符合儒家學說，以及「禮」的觀念之標準的部分予以過濾、排除。這麼一來，就可以解釋為何在荀子的思想中，可以找出與其他思想家的學說相近似，甚至於相同的觀念，卻又與原來的學說有著一定距離的原因。「天」的觀念如此，「心」的觀念也如此，乃至於在名學以及其最為人知的「性惡」觀中，大多可以找出與其他學派之間的聯繫，以及其為了「禮」做辯護的整合。

在其「心」的理論中，荀子接納了莊子「心齋」的論說，以及部分《管子》中的理論，以為心若能保持在「虛」、「壹」、「靜」的狀態下，則能免除情慾的干擾，而將心的功能發揮到最佳狀態，使人對於事物有最為客觀、正確的認知，進而體認到所謂的「道」。

就其整體學說而論，荀子在其理論中注意到人本身在道德實踐方面的缺陷，而主張應該藉由所謂的「偽」來克服人本身之缺陷，使其在道德實踐方面能達到完美的境界。「偽」字望文生義，即是「人為」，所以他對其他思想家的學說中有忽視人為能力的，常不表認同。荀子在道德修養方面之重視人為，使其特別重視「學」以及規範在此一範疇所能達到的作用，及其相應之條件與配套措施。其中荀子尤其重視學習之對象，反覆要求必須以聖人所創制的經典以及禮作為學習之對象，並且在態度上要求完全順從，也就是完全以這些規範作為其道德修養乃至於整體價值觀的準則。

荀子這種以理智的態度去選擇並遵守外在規範的道德修養方式，在先秦諸子中可謂獨樹一格，也與希臘思想家亞里斯多德的觀念頗為相似，然而他這種遵守外在規範的修養方式，並沒有採取一味的壓抑人之本性的方式，相反的，他採取的是約制與適當的抒發並行的方式，亦即以禮約制人的欲望及其外在之行動，以樂來適當的抒發人的情感。也因為荀子採取以禮樂並行的道德修養模式，所以禮與樂在他的心目中有相當重要之地位，對於其他諸子學說中，對於禮與樂有所批評，或是在部分思想範疇裡頭暗示禮樂在道德修養中沒有存在必要的言論自然不表認同。

從另外一個角度來看，荀子強調人必須從遵守外在規範來進行其道德修

養的想法，似乎也顯示了他在道德修養方面對天賦之人性採取不信任的態度。換句話說，荀子在其學說中對於人為能力的強調，使得他在立場上否認天對於人具有主導能力或是某種神祕性的影響力的觀點，並在天人關係上採取強硬的立場。

Slingerland 綜觀荀子的學說，以為荀子在其道德修養方面之標準與分級觀念大多沿襲儒家既有的觀點，而在修養以及其他部分之理論則採用道家或是其他學派之觀念，經過修飾整理，然後綜合起來，使自己的中心觀念「禮」的理論，能在各方面得到完善的理論基礎並具有說服力，很有綜合各家之論以為己說的意味。而「無為」在荀子學說中的運用，Slingerland 以為是至少存留了一部分這些理論在其學說中的使用模式，亦即在保留其運用方式下，將其中心思想建構成一個完整的理論。

十、Mark Berkson，〈「荀子」中的死亡〉〔註11〕

Berkson 在本文中從荀子的「性惡」與「心」這兩個他在道德修養觀的重要理論依據，來看荀子對於生死的基本觀念，認為荀子比較注重人的求生意志與辨別事物的能力，而不像孟子認為人會以其身為人的體悟與尊嚴，在面臨生與死之間的抉擇時，會傾向於能夠展現其理想，或是能維護其尊嚴的選擇。也就是說，在孟子的思想中，理想與身為人的尊嚴，會比生命的喪失與否來得重要，如果必須在理想與尊嚴和生命中二者擇一的話，孟子主張應該以理想與尊嚴做為最優先的選擇。然而荀子卻不這麼認為。荀子以為人重視生命勝過一切，所以在面臨抉擇時，多半會傾向於選擇繼續活下去，而不是為了所謂的理想與尊嚴犧牲生命，而具有辨知價值能力的「心」，也會傾向於維持自己能夠繼續生存下去的選擇。

但荀子也並不認為人一定都會做出這種選擇，若是人能夠接納聖王所制訂的「禮」，並使之成為自己行為價值的準則的話，或許會在某些情況中，因為要貫徹自己對於「道」的實踐，或是認定這是在「禮」的價值標準下所做出的正確選擇，也會毫不猶豫地選擇犧牲生命。不過，前提當然是要完全接納「禮」作為自己的道德標準，以及真正遇上了用「禮」的價值標準來說，

〔註11〕見 Mark Berkson, "Death in the *Xunzi*", in *Death and the Self in Ancient China Thought: A Comparative Perspective*, Ph. D. dissertation（Stanford University, 1999）, pp. 103-195.

唯有犧牲生命才能維護的情況。

從儒家的學說之中，可以看到儒家很重視生命的價值，從自我生命價值的肯定與實現，到對於彼此以及廣大群眾的生存權利的尊重與維護，在在都表現出儒家對於「人之所以為人」的重視，荀子也是一樣，而他這種觀念則展現在他的「禮」的觀念與儀節之中，認為「禮」所應該規範與展現的，是人在生活中的每一個場合裡，依據自己所處的身分與地位所應該表露出的正常情感。

在《荀子‧禮論》的後半部以及其他篇章的相關記載中，可以看到荀子對於當時喪葬乃至於祭祀禮儀的記載，及其所認為這些儀節的所表示的意義以及重要性，以之與墨家的「節葬」說進行論辯。在這些記載與論辯文字中，可以看出如前面所說的，「禮」之儀節在於規範並展現人在生活中的每一個場合裡，依據自己之身分與地位所應該表露的情感，而荀子之所以用喪葬與祭祀的儀節做出完整的描述與分析，在於人在面臨親朋好友的死亡時，最能展現出人們內心中最真摯的情感，以及發自內心的尊敬，於是舉此例以便說明。然而在這些記載與說明之中，也可以看出荀子對於死亡的態度，是相當的慎重以及嚴肅的，因為面臨這種事情時，情感的瞬間爆發很需要予以適度的控制，而以控制作為思想主軸的荀子，便不能不在此處大費周章，除了要顧及到活著的人的情感宣洩之外，還要考慮到當時所認為對這類事情所應該做出的最適宜的處置方式，其中也包含了當時的信仰觀念在內，而 Berkson 認為從這裡也可以看出荀子在面臨這種問題時，也會顧及到「禮」的儀節、人的情感，以及當時的信仰觀念三者之間的平衡。

但話又說回來，荀子雖然也承認信仰的存在，但卻認為那不過是安慰人心的一種方式，與佛洛伊德所認為的一種人類內心對於自然界認知的投射的觀點相近。然而荀子並沒有像佛洛伊德一樣去進一步探討其投射的意義，而是專注於儀式對於人的行為及其社交上的意義，並對信仰之神秘性表達否定的態度。從荀子的這種反應，也可以看出荀子對於與實際生活關聯不大的事物，沒有探討的興趣。換言之，從這裡也可以得知荀子是個實際主義者。

Berkson 以為，荀子將「禮」視為一種具有道德意涵之規範，以及必須藉由教育與習慣將之傳承下去的觀念，可以用法國學者 Pierre Bourdieu 的「文化複製」理論來解釋。Bourdieu 認為當某種文明發展到某一階段，上位階層就會依據既往的經驗而發展出某些社會規範，並採用教育以及其他價值觀認定的方式為手段，灌輸下一代或是其他人其所制定之社會規範及其正當性，使之

完全接納其觀念，並自動遵守與維護這些社會規範，以求長久保障他們所認
爲之社會秩序。也就是說，荀子在其著作中對於「禮」之主張及其相關論說，
與 Bourdieu 在其「文化複製」理論中所敘述之方式相當接近。換個角度來看，
荀子如此的態度也可以看出他自己對於「禮」的重視。

　　總之，Berkson 以爲在荀子的死亡觀中，比較重視的還是人對於生命的維
護，以及所衍生出的情感，而荀子便以此作爲相關理論之基礎，而規劃出人人
應該遵守的規範——「禮」，並設法讓「禮」的儀節與情感、信仰三者之間達成
平衡。然而在面臨到另外一種情況，而必須做出剝奪他人的生存權利的抉擇時，
荀子也主張必須以群體秩序之和諧爲大前提，而做出應該有的處置。

十一、Paul R. Goldin，《「道」的儀節：荀子的哲學》〔註12〕

　　Goldin 這部著作是改寫自他在 1996 年哈佛大學的博士學位論文 *The
Philosophy of Xunzi*（荀子的哲學），而在 1999 年出版。全書共分四章，分別
討論荀子在「自我控制與『心』」、「天」、「禮樂」與「語言和『道』」四個範
疇的理論：

（一）自我控制與「心」

　　Goldin 指出孟子在其人性論中，並非不知道人性之中有很多與其他生物
相似之處，然而他所談的，是僅屬於人的部分，也就是所謂的「心」。所以孟
子極力主張由對這些屬於人的部分之內的「善端」的開發，進行其道德修養。
而後來的理學家也接納了孟子的理論，以爲道德修養的進行必須以人性中的
「善端」作爲依據。

　　在荀子的理論中，則以爲由人性所直接產生的行爲，僅有被當時的價值
觀認定爲「惡」的利害爭奪，而所謂的「善」，則有規範的意味，歷史上的聖
人之所以制定禮義這些規範，也都是針對人性中的「惡」，而設法予以控制、
轉化。荀子認爲，只有藉由對於外在規範的學習、遵守與習慣，才有可能進
行其道德修養而達到所謂的「善」，所以他對孟子藉由對於人性中的善端的開
發以進行其道德修養的論說予以駁斥，並認爲禮義的客觀性存在本身，便顯
示出孟子性善論的錯誤。

〔註12〕Paul R. Goldin, *Rituals of the Way: The Philosophy of Xunzi*（La Salle, Ill: Open
　　　　Court, 1999）.

　　然而從兩造的論點可以看出雙方對於人性的定義並不相同：孟子對於人性的定義是「人之所以爲人者」，而荀子則是從「生之所以然者」（《荀子‧正名》）來定義人性，顯然荀子所以爲的人性，其實就是孟子以爲人同於其他生物者之性。

（二）天

　　早在周朝初年，人們就已經開始省思人在天人關係中的地位，所謂的「人文思維」便是在這時候開始萌芽。這種觀念在春秋時期逐漸發展，在《左傳》的記載中，鄭國名臣子產就已經開始認爲人的行爲可以脫離天的神祕色彩的影響。然而這種觀念在當時還沒有形成學術思想，天對於人具有神秘性的影響力，仍舊是當時人的普遍觀念。

　　雖然在《易經》的卦辭之中便有所謂「自然天」觀念之徵象，然而這種「自然天」的觀念要到後來的道家才逐漸發展開來，並思索其中的運行規律。至於以思索人之價值爲學說中心的儒家，在荀子之前，在這方面的論點還是傾向人的道德價值觀與天有相當程度的關聯。

　　荀子承繼了儒家既有的思維，也吸收了道家的「自然天」的觀念，在這些背景條件兩相融合之下，荀子在這方面的論點開始傾向將所謂的天視之爲單純的自然環境，並否定天對於人亦有其道德價值的存在（包括在自然異象出現時，當時人所賦予它的神秘性解釋），以及在最初對人類的創造生成之外，與人類行爲的任何關係，進而肯定人自身能力的獨立性，及其對現實環境的影響力，並認爲這些才是人所應該注意的。

（三）禮　樂

　　對於一個社會團體來說，若要能夠正常的運作，就必須有一套完整的、符合當時環境需求的，而又能爲社會群體所接受的運行規範，並設法讓它不論在任何環境之下，都要讓人完全以這套運行規範做爲行事的準則。

　　在荀子的觀念中，除了在個人的道德修養之外，「禮」的存在也傾向於一種團體秩序的維護與運作，這與歐美思想家對於秩序觀念的思考有某種程度的相似。而荀子也因爲「禮」的既然存在，提出了在人性方面的理論依據，即所謂的「性惡」。因爲人性中有欲望這個惡的可能，所以藉由學習、思辨與控制等方式，使人降低本性中的欲望轉變爲惡的可能性，就成爲將人導向秩序的必要方式。也就是說，荀子以爲聖王之所以爲聖王，就在於他們懂得如

何運用「禮」以及相關的概念，使社會群體能維持在良好的秩序中。

至於「樂」的出現，則是因為人對本身情感的抒發，而它的基本功能也在於此。在荀子的觀念中，則是運用「樂」在抒發情感上的作用，使人在「禮」的約制之下，能夠疏導人們的情感，並產生聯絡感情的作用，讓人能在遵守「禮」的生活下，使他們的情感能獲得適度的平衡，進而達到對「禮」的輔助性效果。所以在荀子以「禮」治國的觀念中，「樂」的存在在某種角度來說，是一種必要的緩衝，而先王之所以能由禮致治，與對樂的善於利用也有相當大的關係。

（四）語言和「道」

由現存的文獻記載可以得知，中國人在先秦時期就已經有對語言意義這方面的探討，其中最為人所注意的，是由名家與後期墨家在這方面提出的觀點，他們的論說也將當時中國的名學帶往形而上的方向發展，並且有初步的成果出現。然而在荀子的觀念中，名家與後期墨家這種偏向形而上的觀點是不合常識的謬誤，而荀子在駁斥這些觀點之餘，也提出自己以常識思辨語言意義的理論——即荀子在認識論方面的理論。

荀子以為，對外界事物的認知與定義，應該以感官對於事物特徵的感知做為分類與定義的依據，然後用眾人對該事物的共同認知為它命名和定義，以達到其所認定之名實相符，並將其運用於政治與社會生活，以之為達成「道」的重要工具之一，至於其更深一層的意義，荀子以為沒有繼續討論的必要。

至於荀子在其有關「道」的論說中，則傾向以整體大環境的運行原理來解釋「道」的意義，尤其，集中於以人為的角度思辨「道」在實際生活上的運用，亦即「禮」的遵行。這麼一來，使得荀子「道」的觀念在生活實踐時，更具有普遍價值，在實際運用時，也更能達到面面俱到的效果。雖然荀子的學說因為其性惡論的關係，而遭到後來理學家的否定，然而就其整體而言，仍大抵與之前的儒家相近。

十二、David E. Soles，〈荀子與孟子爭論的本質與依據〉 [註13]

同屬於先秦儒家的孟子與荀子兩個思想家在學說上的爭辯，一般歸之於

〔註13〕 見 David E. Soles, "The Nature and Grounds of Xunzi's Disagreement with Mencius", *Asian Philosophy* 9.2（1999）, pp. 123-133.

在人性論上的「善」、「惡」之爭。對於這個歷史事實，先前的研究者在這方面也多有討論，並認爲原因出在孟子與荀子在學說立場上的不同。Soles 在本文中羅列之前的學者對於孟子與荀子在人性論方面的糾結的研究成果後，以爲荀子與孟子之間最大的爭論點在於對人性論的理解不同，而他們在人性論的不同見解，則源於他們在道德修養方面的理論的不同看法。Soles 以爲必須從孟、荀在道德修養方面的理論去探索，才能找出他們之間最根本的差異。

Soles 認爲孟、荀二人的道德修養觀各得孔子思想的一端：孟子從內在的道德自覺建構其理論；荀子則從外在的行爲規範尋求理論依據。也因爲如此，孟、荀在道德修養上就出現不同看法：孟子從內在的道德自覺建構其理論，所以他從先驗的角度，認爲在人性中就有實現道德的因子──「善端」──的存在，而人若要進行道德修養，就得強化人性本有的「善端」，使它能夠發揮它對人的外在行爲的影響力，進而使「善端」發展出能夠主導人的行爲舉止，以達到所謂的「善」；荀子則從外在的行爲規範尋求理論依據，所以荀子以爲人若要達到「善」的境界，就要依循外在的、後天的規範，然後在不斷的學習、運作下逐漸習慣，並由此漸進到「善」的境界之中，所以荀子認爲人既然需要外在的規範，就是因爲人性中並沒有善的存在，不過，還好人尙有能辨別事物的「心」存在，所以人尙有接受外在的規範以達到「善」的可能。

Soles 認爲，就是因爲荀子的道德修養論有濃厚的「他律」色彩，所以荀子對孟子的人性論就一概以「他律」的觀點來審視，一一批判其中不合荀子「他律」思維的論點，其中又以「性善」的理論最受荀子批判──因爲「性善」一說最不合荀子以「禮」爲整體學說中心的道德他律觀。Soles 以爲，荀子之所以在人性論上對孟子的思想大加批判，就是因爲荀子在道德修養上採取道德他律觀，與孟子的道德自發的觀點剛好形成對立的關係。

十三、Michael Twohey，〈荀子與中國古代的權威〉 [註14]

Twohey 以爲，雖然現在的中國不論在政治制度或是在經濟方面，都受到歐美很大的影響，但是中國人的價值觀還是保有自身傳統觀念的影響，尤其

〔註14〕 見 Michael Twohey, "Xunzi and Ancient Chinese Authority", in *Authority and Welfare in China: Modern Debates in Historical Perspective*（New York: St. Martin's Press, 1999）, pp. 13-28.

是先秦儒家的觀念，所以要理解中國人的思維模式，就必須對先秦儒家的思想有一概略性的了解。

Twohey 在本文中先從孔、孟說起：由於所處時代的關係，孔子在當時面臨著政治體制與文化價值上的大變動，從記載著他言行的儒家典籍——《論語》——中，就可以看出他試圖以提出「仁」、「禮」等觀念，來穩定當時中國剛開始轉型的政治體制與價值觀。在孔子之後的另一位儒家宗師孟子，則對孔子思想中的「仁」進一步的理論化，這也可以看出儒家中對君主在施政的用心上也提出了自己的一套理論。

至於荀子這位飽受後人忽視與攻擊的儒家大師，則承繼了孔子政治思想的另一個項目：「禮」。這個以「禮」作爲他思想中心的儒家宗師，認爲要能讓他所處的世界撥亂反正，唯有徹底實行他在「禮」方面的主張，所以在他的著作中對其他學派的批評，都是針對其他學派學說中不合於「禮」的地方進行的。其中最爲猛烈的，則是對孟子與墨子的批評，因爲孟子一派的學說，有一部份與荀子一派所主張的「禮」，在理論依據上有很大的衝突。至於墨子，則是在學說主張上有很多論點是對「禮」的貶斥，所以荀子對他們的批評特別猛烈。

作爲先秦儒家最後一位大師的荀子，他最有名的兩位弟子——李斯與韓非，則是赫赫有名的法家人物，影響中國兩千年的秦朝政治體制，有很多是以他們的構想建立起來的，所以荀子的部份政治思想，也因爲這兩位弟子的關係，而對以後的中國有著長遠的影響。然而荀子在中國的學術界，則是要到了清朝才開始得到應有的重視，此後荀子的思想也因爲時代的關係而不斷的被研究著，在 1960 年代以後的中國大陸，更是認同荀子是一位「偉大的思想家」。

Twohey 以爲，儘管荀子的思想有一些主張被認爲是與「正統」儒學是不相契合的，然而作爲一位儒家的大師，我們也不能因爲他有些思想與「正統」儒學不相契合的關係，而忽略他在思想上仍歸屬於儒家，在政治思想上也主張「王道」、「人治」的事實。

十四、Paul R. Goldin，〈郭店出土文書中的荀子〉 [註15]

Goldin 在本文中指出，1993 年在郭店出土的簡牘中，包含了許多已經失傳的先秦思想文獻，其中有關儒家思想的文獻，有〈緇衣〉、〈五行〉、〈尊德

〔註15〕見 Paul R. Goldin, "Xunzi in the Light of the Guodian Manuscripts", *Early China* 25（2000）, pp. 113-146.

義〉、〈成之聞之〉、〈性自命出〉、〈六德〉、〈窮達以時〉、〈唐虞之道〉等篇，Goldin 以為，在研讀這幾篇有關儒家思想的文獻之後，不但可以釐清荀子在〈非十二子〉中對子思、孟子一派的敘述：「按往舊造說，謂之『五行』」的依據，還發現先秦儒家思想的主要發展方向大致可以說是往荀子這一派的學說發展，而不是如往常的一般觀念，是以孟子一派為孔子以來的儒家主流。

Goldin 將這些出土文獻中有關「性」、「學習」、「天」、「道」、「禮」、「心」、「樂」等方面的思想內容與荀子一派的學說進行比對之後，除了在「天」的觀念上有較為明顯的差異——這些篇章仍主張「天人合一」的觀點，與荀子「天人相分」的觀念不同——之外，在其他思想範疇的論述中，仍然可以察覺出兩者的觀念相當近似。

從這些篇章的內容論述及其年代，又產生了一個問題：這些思想文獻是誰寫的？Goldin 以為這些篇章的作者或許是像告子、公孫尼子一般，是在孔子與孟子、荀子這三位生存年代均有不小距離的大師之間，對這些思想範疇進行思考的其他不知名的儒家學者。而從他們所寫的這些論文中的論點與荀子一派的學說有明顯的相似這個現象，則似乎顯示出先秦儒家在孔子之後主要的思想發展方向，並不如一般所認定的是以孟子一派為主流，反倒是比較趨向荀子這一派。

十五、艾文賀，〈荀子〉〔註16〕

艾氏在本文中指出，雖然荀子以其在人性論方面採取性惡說的關係，而與主張性善之孟子在道德修養過程的理論上有著截然不同的論說，並爭論誰才是儒家始祖——孔子真正的繼承者，然而就他們的學說內容而言，兩者均傳承著孔子學說的一部份，都是先秦儒家的分支。

根據王先謙在《荀子集解》中的說法，荀子之所以提出「性惡」的論點，是想要從人性論這個思想範疇出發，推論出人應該由對於「禮」的遵循，而達到所謂的「致治」，至於人性是否真的為「惡」，則不是其論述的重點。而其反對孟子的「性善」，則是因為按照荀子的思維，從孟子的「性善」論點出發，無法導出人應該經由對於「禮」的遵循，而達到所謂的「致治」的論說的關係。也就是說，荀子在人性論所提出的「性惡」觀點，為其與孟子在道德修養方面

〔註16〕見 Philip J. Ivanhoe, "Xunzi", in *Confucian Moral Self Cultivation*（Indianapolis: Hackett Publishing Company, 2000）, pp. 29-42.

之理論最根本的歧異。隨著孟子的「性善」說爲後人所接納、發揚，作爲孟子「性善」說對立面之荀子的「性惡」論，也就成爲其學說中最爲人所知的部分。

二十世紀初期的西方漢學研究者如德效騫等人在接觸到荀子的學說時，也注意到荀子的「性惡」觀點與基督教神學裡的「原罪」理論的相似性，並指出荀子的論說與基督教的「原罪」觀念有所差距，但是荀子的「性惡」論是否即一般人在字面上所認定的「人性本惡」，在這些西方的漢學研究者之間又引起了爭論。在英語世界中最早對《荀子》一書做較有系統的研究的學者德效騫，以他個人對《荀子》內容的理解，認爲荀子是眞的主張「人性有惡」的觀點——正確的說，應該是荀子從人有生存欲望的觀點來論證人性有惡。但是因爲原文本身的論述存在著一些問題，讓學者們對於荀子在人性論到底是主張「本惡」還是「有惡」，還有一點爭議。

既然人性中有惡，而沒有善的存在，那麼人的道德修養就不能靠內省的方式來進行，而必須有外在的規範作爲依據，即必須要有「僞」來配合，這個外在的規範，即是荀子所謂的「禮」。也就是說，荀子的道德修養論是經由「禮」的學習與遵循，而達到所謂的道德善。然而人性無善，也不能由內省的方式進行其道德修養，那麼人爲何要，且爲何可以去作道德修養的功夫呢？荀子以爲這是因爲人除了本性之外，尚有能辨知、能判斷的「心」的存在，而人就可以藉由「虛」、「壹」、「靜」的心得知道德修養的好處，並藉由全面的認知去理解、去接受，並逐漸將它化爲思維與行動之準則。

乍看之下，荀子這種道德修養的方式與康德等人以理性對外界事物的思索的觀念相當近似，然而荀子之所以如此做的原因，在於使人容易接受以「禮」爲準的道德價值觀，倒不是純然的對外物的思索。的確，在荀子的道德修養觀中，「思」與「學」的地位相當吃重，又強調以漸進的積學方式逐步達到其所謂的道德善，與孟子以內省爲主的修養方式明顯不同，而荀子這種重學的道德修養觀，也使得他在某種程度上比孟子更加貼近孔子在道德修養觀念上的原意。

十六、Eric Hutton，〈荀子之人性論是否前後一致？〉〔註17〕

Hutton 在本文中，以爲荀子在提出這個觀點時，本來是認爲人性本身並

〔註17〕 見 Eric Hutton, "Does Xunzi Have a Consist Theory of Human Nature?" In Thoenton C. Kline III and Philip J. Ivanhoe eds., *Virtue, nature, and moral agency in Xunzi*（Indianapolis: Hackett Publishing Company, 2000）, pp. 220-236.

沒有所謂的善與惡，也以爲人可以藉由其特出於自然萬物的特質——「義」
——來接受「禮」的外在規範，進行其道德修養，然而荀子旋即在〈性惡〉
中否定人性中有禮義的存在：「今人之性故無禮義，故彊學而求有之也；性不
知禮義，故思慮而求知之也。」這是怎麼回事呢？

　　依照倪氏在對 Wong 氏〈荀子論道德動機〉一文之評論的觀點，從《荀子》
一書中的其他相關論說來看，荀子在人之特質上所說的「義」，並非如一般人
所認知的具有道德性的意味，〔註 18〕而可能比較具有認知上的涵義，也許用
「辨別」來形容這個「義」字較爲恰當。而且其所謂「有義」的「有」，從其
相關用詞來看，似乎也不應該解讀爲「本有」，而應該視之爲「擁有」，才比
較能顯現荀子的原意。

　　如此一來，則荀子所謂的「性惡」及其所例舉的人物，則應該以其本性既
無道德善的存在，而在處事上又不善用自身所有的辨知能力來解讀。若是按照
荀子本人「塗之人可以爲禹」（〈性惡〉）的思維來推演，則尚未接納荀子之道德
修養理論的一般人皆處於聖王未善加利用自己之辨知能力以及學習道德善的階
段。也就是說，荀子認爲人之所以完全以自身之欲望行事，在於人沒有善用自
身所擁有的辨知能力，若是能讓人懂得善用自身擁有的辨知能力，便會接受「禮」
對自身欲望的制約及其道德上的意義，並以它爲規範，進行其道德修養。

　　Hutton 最後指出，荀子性惡說之所以被誤解而導致遭到長期的忽略，在
於他以「性惡」二字來概括他自己人性只有欲望，而沒有發展出道德善之可
能存在的論說，而荀子之所以提出這樣的見解，也是因爲他跟孟子一派在道
德修養的方式上有著不同的見解，於是，必須在人性方面提出與孟子不同的
理論依據，以證明其理論的正確而已。

十七、Thoenton C. Kline III，〈「荀子」中的道德作用和動機〉〔註 19〕

　　Kline 在本文中首先指出，荀子因爲其身處的時空背景的關係，特別重視
秩序在人群社會中的地位，而其在道德功夫論方面的學說，大抵也是以維護
團體的秩序做爲著眼點。在本文中，Kline 便以萬白安、Wong 氏、倪德衛三

〔註 18〕　見 David S. Nivison, "Critique of David B. Wong, 'Xunzi on Moral Motivation'",
　　　　　in: Philip J. Ivanhoe Ed, *Chinese Language, Thought, and Culture*, p. 324.
〔註 19〕　見 Thoenton C. Kline III, "Moral Agency and Motivation in the *Xunzi*", in id. and
　　　　　Philip J. Ivanhoe eds., *Virtue, nature, and moral agency in Xunzi*, pp. 155-175.

位學者在荀子研究方面的成果作爲討論的基礎。

依照萬氏的看法，荀子之所以在人性論方面提出與孟子不同的觀點，在於荀子在觀察當時人類在社會上的表現以後，認爲人的本性沒有所謂「善」的存在，並對人們在情欲方面的表現提出理論上的建構，然後認定人因爲本性之中沒有所謂「善」的存在，所以需要由外在的制約使人導向「善」以至於「道」，而這個外在制約，在荀子的眼中就只有「禮」。

而 Wong 氏則從另外一個角度出發，指出荀子的道德修養論即是所謂的「化性起僞」。其「化性起僞」的重要依據便是人所本有的、能夠辨別外在事物的「心」，以及由聖王在累積經驗之後，所創制出來的「禮」。雖然人性是惡，但能夠以此二物爲修養的重要依據，再經由不斷的學習與日常生活的認眞遵守與體驗，並加上「樂」在其中的調節，荀子以爲如此便能達到所謂「善」的境界。

至於倪氏，則大抵同意 Wong 氏的觀點，不過他也點出荀子在動機方面的論點：因爲人在一般情況下，都會追求自身所缺乏的事物，所以人對「善」的追求，也可以說是基於人本身對於「善」的缺乏，而在當時的觀念中，對「善」的缺乏，與「惡」相差無幾。因此，人會在對「善」的追求中，會逐漸認識到自身在本性上的趨向，並發覺到自身的條件限制，然後尋求解決的方式。也就是說，荀子的道德修養動機在於人本身對「善」的缺乏與追求。

Kline 在整合這三位學者的論點以後，以爲荀子的「道」，即其最高理想，是基於人所本有的、能夠辨別外在事物的「心」，以及由聖王在累積經驗之後，所創制出來的「禮」以及人本身對於「善」的追求，再加上「樂」對於人之情感的抒發，經過不斷的實踐與努力之後，方能實現，而其個人的道德修養的作用與動機大抵與此相同。從這裡不但可以看出荀子的「道」可以歸屬於所謂的「人道」，也可以得知荀子在這方面建構了一套有系統的理論。

第三節　荀子研究述要（三）

十八、Joel J. Kuppermann，〈荀子：作爲心理制約的道德〉[註20]

Kupperman 在本文一開始，便點出荀子與孟子道德觀的不同，在於認爲

[註20] 見 Joel J. Kuppermann, "Xunzi: Morality as Psychological Constraint", in Thoenton C. Kline III and Philip J. Ivanhoe eds., *Virtue, nature, and moral agency in Xunzi*, pp. 89-102.

人類所認爲的「善」是不是存在於所謂的「人性」之中。很顯然的，荀子的「性惡」說，是不認爲在人性中有所謂的「善」。就他所提出的論據而言，可以看出荀子之所以會以爲人性中並沒有所謂的「善」，有一部份是著眼於人的原始本能，在他的觀念裡，原始本能中只有生存的欲望，並不存在所謂的「善」。

至於被荀子認爲人性爲善的孟子，也與後來被認爲人性爲惡的荀子一樣，原本只認爲人性中有發展出「善」的可能，而人所要進行之道德修養便是將這些可能擴展成必然，而認爲人性中有著可能發展成「惡」的原始欲望，荀子便認爲需要從外在的規範來約制。

要以何種外來規範來約制人性中的欲望？在這方面荀子認爲是由具有辨知與判斷能力的「心」所選擇的，爲聖王所制訂的「禮」，並以爲對於「禮」的不斷學習與親身體驗、實踐，便是其道德修養的途徑，到了修養境界較高的時候，「禮」這個外在的制約便會融入人的價值觀之中，形成人日常生活中的部分，而人也會在不自覺的完全遵守「禮」所規範之處。

然而，這種用「禮」來約束並轉化人的本能欲望的過程需要一段時間，而在過程之中也必須有較爲系統的規劃，於是，荀子便在這方面提出一系列的學習理論：兼重經典與「禮」的學習、對於「師法」的重視，以及在學習時必須有勤學不怠的精神等，從各方面對於聖王所制訂的制度以及所遺留下的言行典範等作全面的學習。

然而，從「禮」對個人欲望的控制這個特性，也可以看出荀子是比較注重群體的和諧與利益，不過他也不刻意要求完全壓制個人的欲望，而是想要建立一套人人都可以接受的制度，使人在遵守這套制度的規範下，也能得到自己應得之利益。換句話說，荀子是試圖建立一套能使個人的欲望和群體之利益與和諧達到良好平衡的制度。

十九、Eric Hutton，《荀子的德性與理性》〔註21〕

荀子，這位先秦儒家的重要人物之一，卻在對人性的觀點、「善」的界定，以及道德修養的方式等屬於道德修養的理論，與其他的儒家派系有著明顯的不同。其道德修養的步驟又明顯的具有理性主義的色彩，Hutton 撰寫這篇學位論

〔註21〕Eric Hutton, "Virtue and Reason in Xunzi", Ph. D. dissertation（Stanford University, 2001）.

文的目的，就在於辨明在荀子的道德思想中的「道德」與「理性」之間的關係。

在討論荀子思想中的「道德」與「理性」之間的關係之前，Hutton 先對當代的學者在關於「道德善」方面的論說，以及在「理性」與「道德」之關係的論點進行討論。在 Hutton 的觀念中，對於「道德善」的定義爲道德行爲中比較主要的好的德行，然而對於這個定義的衡量標準，則各家有各家的說法。Hutton 在這裡便指出，在研究倫理學方面頗有成績的學者 John McDowell，便不認同康德學派的「道德法則」說與功利主義者的利益觀，而自己提出另一套主張。然而 Hutton 認爲 McDowell 所提出的論點也未必能解決這兩個學派之理論漏洞，其與所謂的「規範基礎」論者在這方面的論點也不能讓人心服，而必須以其他人在這方面的論說，來彌補 McDowell 氏之理論在這方面的缺陷。

此外，Hutton 還對「理性」在道德判斷的運用作了一番討論，指出「理性」在道德判斷上的運用，通常是在面臨實際情況時，對於價值與利益的思辨與抉擇，亦即在面臨選擇時所做出的冷靜而客觀的思考。然而在這裡也要考慮到一件事情，便是人原本是以自身之利益作爲考量基準的動物，而此一問題源自於人的求生本能，所以爲了使道德能爲眾人所接受，則必須訂立一套相關之價值規範，以爲眾人行事的準則。然而以理性面臨抉擇，則必然會在自身之利益與道德之價值規範二者之中做出一個選擇，要不然，便是求取二者之間的折衷，以求得對於利益與道德規範二者的兼顧。也就是說，在道德判斷中使用「理性」，也要想到有所謂「變通」方式的出現。對於這種情況，就不能以單一的「好」或「壞」的價值判斷來思考，換言之，即是應該放寬道德認定的限制範圍，容許有第三種選擇在某些場合中出現。

（一）荀子的道德理論

Hutton 從荀子對於「道」的觀念出發，認爲荀子在達到「道」的途徑這方面的論點，傾向以一個外在的、明確的規範的方式來進行，而在這方面的論述也比較傾向於與實際生活相近的部分，也就是所謂的「人道」，而其所依循的規範，即是所謂的「禮」。可以這麼說：荀子是以外在的、人爲所制定的「禮」，作爲他的倫理價值觀的標準。

在荀子的理論之中，人之所以可以接納「禮」這個外在的規範來制約自己本有的、沒有自我約束能力的欲望，是存在於「心」的另一個能力：「分」。而「心」之「分」的能力，也就是所謂的認知與判斷的能力，可以在適當的

情況之下，清楚的分辨出「禮」對於人的益處，並以它來定義所謂的「善」。

　　至於對「善」的抉擇與修養過程，在荀子的觀念中，如孟子所提出的以人性作為發展基礎的觀念是行不通的，反倒是不同於「性」的存在，並具有認知與判斷能力的「心」，在這方面有著舉足輕重的重要性。也因為荀子以具有認知與判斷能力的「心」作為道德善的重要判準之一，所以他也對「心」是否能夠在冷靜與客觀的狀態下，對所接觸的事物作出準確無誤的價值判斷一事相當重視。在〈解蔽〉中，荀子指出任何價值參考的依據都有可能會讓人偏執於此，而在實際的情況中作出錯誤的判斷，因此，若要讓「心」不會偏執於這些價值參考的依據中的任一部分，荀子以為，必須使「心」在面對價值判斷時，能夠處於「虛」、「壹」、「靜」的狀態。

　　Hutton 以為，在荀子的觀念中，「心」首先要處於「壹」的狀態，即是將所有的注意力專注所要面對的事情上，才能夠省思應對的方式，也就是說，「壹」的狀態是世人要以「心」來作出抉擇時的第一步。不過 Hutton 以為，「壹」也可以認為是處理事物的標準狀態，即是完全以「禮」的規範做為價值判斷的唯一準則，先做到這一點，然後再談「虛」跟「靜」。

　　至於「虛」跟「靜」，簡單的說，就是排除任何固有的成見以及雜念，而冷靜的思考該作出什麼樣的反應。這兩個字的搭配在道家的觀念中就已經出現，然而在道家思想中，「虛」與「靜」的搭配運用與其說是主動作出價值判斷，倒不如說是以一種局外人的心態，無牽無掛的、完全客觀的態度來審視世間所發生的事情。但荀子在吸納這種觀念後，則去除了那種事不關己的心態，轉而運用在道德價值判斷這一類的場合之中，使得「心」在滌除任何雜慮與成見的情況下，能夠冷靜、客觀的作出應該有的決定。而這種決定形諸於外，即是荀子道德修養論的實際表現，也是荀子所謂道德觀念之一。

　　也就是說，荀子的道德理論並不像孟子一般是以對內在之人性的發掘作為訴求，而是以外在規範對人的約束為準則，其理由在於人之本性僅有欲望的存在，對於欲望的發掘並不能使人往所謂善的方向發展，必須經由外在規範──也就是「禮」──的遵循與執行，方有可能，而在遵循與執行的過程中，使具有認知與判斷能力的「心」能夠在處於「虛」、「壹」、「靜」的狀態下面對所有外在的事物，則是使人對於「禮」的徹底執行時，不會出現任何錯誤的重要依據。而這些就是以「禮」做為道德的唯一標準的荀子，在這方面所提出之理論。

（二）荀子儒學的道德觀念

Hutton 在此處先釐清「善」在中國思想中的界定。Hutton 指出，「道德」在中國的儒家思想中，較為傾向從道德意義上來詮釋這一類的觀念，如所謂的「仁」、「義」等，即在所謂道德的範圍之內。至於外在事物的完美，則不在當時他們「道德」的思想之中。如在《荀子・非相》中的敘述，便可以發現，相較於外型的美好，荀子更加重視所謂的「心術」與修養上的完善，這與西方思想家對於外在事物以及道德上的完善均有所論述的情況是迥異其趣的。

既然談論到道德上的善，其相對之概念則是人的欲望。與其他中國的思想家不同，荀子正視人的欲望在生活中的必然性，但是他也認為欲望必須得到某種程度限制的同時，也必須有一定程度的滿足。也就是說，荀子在這方面的理論，雖然極力主張要建立一種制度，讓人類本有之欲望不會毫無限制的擴張，但他並沒有提到為了要實現理想之「道」的境界，而要消滅人本有欲望的論說，反倒是認為在整個接納並修習「禮」的過程中，應該讓人本有之欲望及其所表現出之情感獲得一定程度的滿足與抒發，使人在整個接納並修習「禮」的過程之中，不至於過於壓抑自身所擁有的情感，而讓它有合乎「禮」的規範的宣洩管道。換言之，在荀子以「禮」做為「道」的境界之規範標準的觀念中，是要讓人之情感與欲望和規範之間取得平衡，使人在道德制約中仍然保有有限度的情感自由，而不至於有過於壓抑自己的情況出現。

從這些觀點看來，荀子之「道」的觀念及其實踐理論，都是以人作為主體，與「天」沒有任何價值觀上的聯繫。這種思維與當時其他學派的思想家對於「道」的觀念有很明顯的差別，而荀子在其理論中排除了「天」與人在價值觀上面的聯繫，顯然與當時道家思想之「自然天」觀念有著相承的關係，然而荀子更加強調「天」之自然義，並認為其運行自成一個獨立的系統，與人群社會的運作沒有任何價值觀上面的聯繫，而這類的劃分正是荀子所獨有的。

至於屬於德行方面的善，如「仁」、「義」、「信」等觀念，荀子則將之歸屬於人在以「禮」作為其行為規範之標準下，在面對某些情況時進行其理性而客觀之判斷之後所表現之態度，亦即荀子之德行觀念均為人在經過理性判斷以及「禮」對他的規範之下的產物。換言之，人對於事物的理性判斷與以「禮」為衡量事物之價值判斷標準這兩項的配合運作，即是人對於生活中所面臨到的事物所必須有的標準思考模式。也因為如此，荀子並不要求人必須

在每一種情況都要死守著某些價值觀念，而是認爲若能做出適宜的處置方式，在觀念上做適度的變通也是可以接受的。

　　總括來說，荀子對於「道德」的觀念比較偏向以人在日常行爲的「道德」來詮釋，並以「禮」的觀念作爲區分的原則，還認爲無需爲了理想之道德的完美，而犧牲了人原有的情感，或是付出其他方面的重大代價，而是應該按照所面臨的情況，盡量做到所謂的兩全其美。

（三）荀子與當代的道德善觀念

　　Hutton 指出，荀子與其他先秦儒家的思想家們均從人際關係以及人自身之修養討論其道德善的觀念，但荀子更重視從身分上的倫常觀念，來規範人的行爲，其提出之主張即是他的思想中心：「禮」。在荀子以「禮」爲主的思想體系中，人要從認知開始理解自身的存在，及其具有欲望的本能，然後再對外界的事物以及自己的身分有清楚的認知，開始學習並接受、遵守、習慣聖王在累積經驗後所制定出來的禮，並從中完全認識到自己在自身所處的身分中所應該知道的事物，以及所應該遵守的規範，以之約束自身本有的欲望，而和群體社會保持良好的互動關係。若面對一些突發狀況，則應該以理性的態度以及應有的規範，因時制宜，做出合乎現實環境情況的處置，使之對群體社會的負面影響減到最輕微的程度。換言之，在儒家思維以及荀子以「禮」爲主的思想體系中，都是以群體社會的和諧與最大利益做爲其道德善的標準。

　　Hutton 以爲，此種道德善的觀念在今日具有一定的借鏡作用。從對認知的思考出發，發展到尋求個人的救贖，再發展到對個人立場的省思，歐美的倫理學觀念到近代以後，便以個體的權益做爲思考的出發點與最終的目標，發展到今日，固然使群眾逐漸對自身權益的注重形成一種共識，卻也使得人們過於注重自身的利益，而忽略掉人我之間的良好互動，以及對他人利益應有的尊重，所以今日的思想家與學者們便以互動與尊重作爲倫理學的思考主題。在思索的過程中，他們發覺到在往昔被批評過於忽略個體利益的儒家思想，在人際關係的互動方面已經提出了以群體之和諧與利益爲重的倫理觀念，而這些思維若濾掉一些較爲過時的觀念，便是一種可以解決目前過於著重自身利益的價值觀之方案。

　　在荀子的道德觀念中，「禮」無疑是其中最應該遵守的外在規範，其所顯示的意義，爲經由對自身、對外物、對觀念以及對群體社會的正確與通行之意義的完整認知之後，以「禮」對自身身份的規範爲標準，使群體與個體之

間的利益達到良好的平衡，然後讓群體社會處於一種平衡而且和諧的狀態。Hutton 以爲，荀子從先秦儒家的思維出發，在實際行爲的規範方面尋求能夠讓人依循、遵守並能接受的制約觀念，而發展出「禮」的觀念，並認爲個體之欲望應該給予某種程度的認可，然後以外在的規範約束之，使之不至於因爲過度發展而影響到群體社會之安定。Hutton 指出，這一類兼顧個體與群體利益之道德觀念，雖然還摻有部分時代性較爲強烈的觀點，卻也給予了現代的學者以及思想家一種啓發，讓他們能夠朝著對於個體與群體的利益之平衡與相互尊重做爲思考問題的參考方向，解決目前過於注重自身利益而導致人際關係處於不協調狀態的問題。

　　Hutton 認爲，荀子之思想是從對外在環境的考量做爲出發點，使得他偏向從認知與對現實狀況的考量做爲他思考問題的方式，但這也使得荀子在其思想論說中，完全以理性的態度來處理各個思想範疇的觀念，而他對當時其他各家思想學說的吸納與改變，也很能看出他是以現實的角度面臨各個思想上的問題。荀子這種思想上的特色，也使得他完全以理性、現實的角度闡述其對於善、對於道德的理論，讓他在有關道德、有關善的方面之論說，充滿了理性主義的色彩。

二十、李長熙，《荀子心之自律與倫理理論》〔註22〕

　　李長熙的這篇學位論文主要是探討荀子在心論以及倫理學方面的論說，並對荀子的學說在中國哲學史上的定位作一思辨的工作。

（一）背　景

　　「心」這個思想範疇，在中國思想史中，以佛教思想傳入以後到宋明理學的興起這一段時間的討論最爲興盛。在這之前，先秦的儒家與道家在這方面也有所議論。

　　在先秦儒家中，孟子較早在這方面提出他的理論，便是其所謂的「四端」，並認爲人的「心」爲天賦，與「性」之間並沒有明顯的差異。在他的學說之中，「心」在道德修養上有其決定性的作用，而這種想法，對荀子的學說也有一定的影響。

〔註22〕Janghee Lee, "The Autonomy of Xin and Ethical Theory in Xunzi", Ph. D. dissertation（University of Hawaii, 2001）.

屬於道家中的自然派的莊子，其「自然天」的理論無疑的也影響到荀子在天論這方面的論說，至於在「心」這方面，莊子則從其歸化自然的思維出發，提出「心齋」的論點，並以所謂的「虛」、「靜」的觀念做為其「心齋」的實踐功夫論，而這種修養的觀點，也被荀子所吸收。

（二）荀子「天」與「性」的觀念

1. 「天」

馮友蘭指出，荀子將「天」視為一純粹的「自然」，並當作是為人可以利用其所提供的資源。有不少學者指出，荀子這種為求符合其「禮」的中心理論而提出之自然天的看法，與早期儒家在這方面的觀點已經有所不同，在其觀念中，切斷了「天」之徵象與人事作為上的聯繫，代之以自然現象來解釋。換言之，即是否認「天」與人之間有所聯繫。

荀子此一觀念除了表明他的思想受到莊子一派的影響之外，也顯示在他的思想中有一定的科學色彩，然而其重視實用的思維，卻限制他不往科學研究的方向發展，即所謂的「惟聖人不求知天」。此外，就道德修養而言，荀子既然視「天」為自然，並從而否定道德與天賦之間有所連繫，也就代表著他並不認同人性之中有天賦的道德善，而必須由對「禮」的遵行方有可能達成。

2. 「性」

李氏以為荀子將所謂「性」的觀點定位在「性」的原始意義「生」的範圍之內，即「生之所以然者」，並認為此天賦之「性」為人類之生存以及感官的本能欲望。在其論述中，荀子以為從性與情的原始表現來看，並不能得出其中有所謂的「善」，即道德行為的可能性的存在，於是便對孟子的性善論採取質疑的態度。

然而在其人性善惡的論辯中，荀子將孟子性善論的觀點簡化為「人性善」，然後從人類的性、情、欲等方面在實際生活行為上的表現，以及「禮」此一觀念與制度本身的客觀性存在來駁斥孟子之「人性善」的觀點，並申明其論點：人性為人類天賦的本能，其所直接展現之行為表現若不予以人為之規範限制，而任其恣意所為，則其結果為一般價值觀所認定的惡，並非孟子一派所主張的善。此一觀點若換個角度想，則可以這麼說：荀子以為天賦之性在外在行為上的直接表現在不受人為約束下既然被認定為所謂的惡，則天之概念在人類的道德修養上便不能起到積極的推動作用，同樣也不能認為它

是人類道德的根源。簡單的說，便是荀子企圖從人性論的「性惡」論點來排除天在道德修養觀念上的影響力，並將所謂的道德修養視之爲完全由後天人爲所推動之舉措。

（三）「心」的觀念

依據文獻記載，中國人在先秦時就已經發覺作爲身體器官之一的「心」，並以爲它主掌著人的思慮，對人的行爲與事物的判斷有著相當舉足輕重的地位。此一觀念最晚在孔子時已顯露端倪，而在稍後的《墨子》之中，也在相關的論說中賦予了「心」具有思索的功能。李氏以爲，之後的荀子雖然在其名學理論中駁斥後期墨家的觀點，但是在心論方面卻也許同意墨家的論說。

在此一思想範疇裡，另一個值得注意的是《管子》。這部大抵成書於西元前一世紀，融合了儒、道、法等不同學派的思想著作中，則以爲「心」具有「治」——即統轄其他感官知覺——的作用，而它的運作也容易遭受到情欲的干擾。以之與荀子的觀點相比，荀子同樣以爲作爲一個器官的「心」，具有管理其他感官的功能，對於來自情欲的干擾，荀子則提出一個對策：即是使心處於「虛」、「壹」、「靜」的狀態下，儘量排除來自情欲的干擾，讓心能在穩定、無干擾的狀態下對事物作出正確的認知與判斷。

而這個作爲人類感官的主宰者，同時又具備思索與認知功能的「心」，在荀子的思想中，便產生使人有達到所謂的道德善的可能的作用。因爲在荀子的論說中，另一個人生而本有的「性」，其本身並不具備使人作出所謂的「善」的舉動的可能，所以人若要達到所謂的道德善，就必須依靠這個同時具有思索、認知與主宰等功能的「心」，來抑制並控制來自於「性」的情欲，使人在其行爲上在所謂的道德善前進。

這麼說來，荀子在「心」這方面之理論在其道德修養理論之地位與運用，其實與孟子之觀念相差不大，其論說也與道家之理論頗有相近之處，不過在其整合之下，荀子以具有思索、認知與主宰功能的「心」爲重要媒介，來引進外在之行爲規範，以導正人之本性的道德修養理論，就頗有以智達德的意味。然而這個偏重認知的道德修養方式有幾個必須克服的地方，其中之一，就是人自身因環境而有的成見對它的負面影響。對此，荀子則是要求人們必須注意每一個立場與觀念都有其不足之處，並主張不要爲立場所拘束；另外一個就是情緒的影響，荀子對此則要求儘量以冷靜的態度來面對，不要讓情緒干擾到對於事物的判斷。簡而言之，荀子是希望藉由具有思索、認知與主

宰功能的「心」，在其最理想之狀態下，採納「禮」以進行其道德修養，使之能達到其所謂的「道」。

（四）「禮」與道德

在荀子的觀念中，人的本性之中並沒有所謂道德善的存在，僅有動物本能之欲望，而要控制這些欲望，使之能在不破壞群體之秩序下存在，並能夠達到所謂「善」的境界，就只有依靠先王所制定的「禮」。

依照荀子的理論，「禮」的出現是源自於古代的統治者們在理解人之本性，以及在整理舊有的統治經驗下制定而成的，所以「禮」本身即是平衡個體欲望與群體秩序的存在。也就是說，依照荀子的理論，「禮」在制定時，便以平衡個體欲望與群體秩序為其主要功能。

前面也提到，荀子認為「心」是讓人接受以「禮」作為道德約束的根據之重要因素，對於外界事物的正確與客觀的認知，也是使人接受「禮」的重要因素，所以荀子相當重視對於外界事物的正確認知及其定義，而發展出其「正名」方面之論說，認為對於外界事物之認知與定義應該以感官認知以及對某種意義的約定俗成作為重要的參考依據，反對以「詭辯」等不合乎一般認知的方式來曲解對於外界事物的定義，並提出統治者必須注意並掌握這些定義與認知在社會群眾之間的使用。

在荀子的理論中，「禮」和道德修養連結在一起，並以為是道德修養的重要方式，這是因為荀子本身之道德修養觀念也以「禮」為中心，並認為對欲望的控制也是道德修養的重要工作之一的關係。這麼一來，便又與「心」的認知與判斷能力連結在一起。也就是說，荀子以為「心」的認知與判斷能力是控制欲望的關鍵，而它又必須與以平衡個體欲望與群體秩序為主要功用的「禮」配合運作，方能使人在遵行「禮」來控制欲望的同時，達到所謂善的境界。

（五）自然主義與自律

荀子基於自然主義而發展出來之以「心」為主的道德修養觀，於西方則與康德之觀念頗為接近，所以李氏在此處便將荀子與康德之思想做一比較。

康德思想之背景，是從文藝復興以來諸多科學家對自然界的探索，而逐漸累積出來之知識，所以在當時的歐洲學界，便慢慢有以理性思索道德之觀念浮現。至康德時，便從理性之角度思索道德之觀念，並建構其理論，而提出如同自然界必然擁有其自然法則一般，道德亦須擁有其法則，至於作為行動之依據

的意志，如同其理性推論一般，是出現於對欲望的回應等論點。

　　而荀子以自然主義之觀點作爲其「心」在道德修養論中之自主地位的論據，其局勢又不可與康德同日而語。荀子之時，中國之自然主義雖有萌芽的跡象，然而當時之天人關係論仍以所謂的「天人合一」——即天人交互感應——之思維佔了上風，「天人相分」之觀念在當時尙屬弱勢，而且否認天在道德修養上的依據地位，顯然也有很多地方說不通，因此，其道德修養論並不能廣泛的爲人所接受。

　　將荀子的道德修養論拿來與康德相比，兩者在這方面之論說有不少相近之處：康德將其人類道德理論的建立與自然範疇分開，而以「理性」作爲道德理論之重要依據，建立其所謂的道德法則；而荀子也有「天人相分」之觀念，並將道德認知之根源建立在「心」上面，而認爲人之道德修養必須以聖王所制定的「禮」作爲行爲之規範。就此而言，兩者於思想上的近似也可以看出他們同樣都對於人類之理性在道德修養上有著相當重要的地位，以及必須建立一套規範作爲道德修養的準則等方面都擁有著同樣的認識。若從思想背景上來比較兩者在此處的討論，則可以更爲突顯出荀子在當時已經建立了一個完整的道德修養理論。

（六）在中國哲學史中的荀子哲學

　　荀子的思想在後來的中國思想界並不是相當受到重視，然而不可否認的是，荀子之思想對後來的漢代學術有著相當深遠的影響。不過後來因爲時勢的關係，孟子的思想逐漸爲唐代以後的儒學人物所重視，並奉爲圭臬，而荀子也因爲曾經大力批評過孟子的關係，在相當長的一段時間內爲中國思想界所貶斥，直到近代，方有人正視荀子在中國思想史上的地位，並予以相當高之評價。

　　李氏以爲，若依照大陸學者李澤厚的說法，荀子之所以不被認爲是中國先秦思想之主流，在於其思想在相當程度上偏離了當時的一般觀點。以天人關係論爲例，荀子「天人相分」之觀點明顯有違於當時一般認定之「天人合一」的論點。此外，在佛教傳入中國之後，後世儒者爲了能和佛學一爭高下，也在先秦的儒學典籍中尋求依據，於是孟子的人性思想便因爲時勢的關係而成爲所謂理學家的思想武器，而荀子人性論之性惡觀點在相形之下，反而容易爲佛教徒所攻擊，如此一來，重孟輕荀就成爲時代所趨，而理學家就在時代的潮流之下，逐漸將孟子在儒學中的地位提高至一人（孔子）之下，萬人

之上，至於攻擊過孟子的荀子，其思想也就在這時爲衆人所駁斥，當然，被攻擊的中心爲其性惡說，其他方面之論點被提及之處並不多。

李氏認爲，荀子學說之所以在中國哲學史上遭受到冷落，在於其思想的觀點太類似於近代西方學者的觀點，而與爲宋代以後的中國所接受的孟子學說有相當程度的落差，很難讓當時的中國人接受；而其以認知爲基礎的道德修養論也有其致命的缺陷，也讓荀子難以自圓其說。不過，隨著時間的推移與價値觀的轉變，荀子之道德修養論也逐漸引起人們的重視，而慢慢的在哲學史的討論中恢復其應有之地位。

第四節　荀子研究述要（四）

二十一、Aaron D. Stalnaker，《克服邪惡：荀子與奧古斯丁之精神修練與個人特質》〔註23〕

Stalnaker 這篇學位論文主要是比較中國先秦時代晚期之儒家學者荀子，以及西方中世紀早期之基督教神學家奧古斯丁這兩位在時空背景上完全不同，卻又在某些思想學說方面相當近似的思想家在道德修養上的論說。如篇題所揭示，Stalnaker 是從兩位思想家在精神方面的修練以及個人性質這兩個主題的理論進行比較。

在議論與比較奧古斯丁與荀子的學說之前，Stalnaker 先釐清雙方在道德修養方面的論說產生之背景，及其觀念之界定。Stalnaker 指出，奧古斯丁所處之時空背景，正是歐洲由希臘思想轉型到基督教神學理論的時候，所以在奧古斯丁的著述的論說中，還留有希臘對道德修養方面的理論，即以理性思維思索人在道德判斷之合理性。然而又因爲奧古斯丁其人已接納基督教之神學理論，所以他也在相當的程度上認定「神」爲一切道德觀念的唯一標準。也就是說，既然以「神」作爲所有道德觀念之唯一標準，那麼，人本身之所以信仰神，原因之一，便是尋求本身之不足——即道德上的缺陷，這在基督教的神學理論中，便是所謂的「原罪」。這種背景所產生之學說與荀子的思想相當近似。然而，荀子學說之出現，在於尋求能使混亂的現實回歸秩序的方

〔註23〕 Aaron D. Stalnaker, "Overcoming our evil: Spiritual Exercises and Personhood in Xunzi and Augustine", Ph. D. dissertation（Brown University, 2001）.

式，而荀子所找出的方式，便是對外在的規範——「禮」——的遵循。因爲如此，荀子便以使人接受「禮」之規範，而展開其學說在各方面之理論，在人性論方面，便以對善的缺乏提出性惡的論據，而人之所以能夠由本性有惡而轉向善，在於其有能認知外物、判斷行爲的「心」。雖然在某些方面與荀子之前，便已主張性善的孟子的理論有所不同，但是在實際的執行與目的上，並沒有太大的差異。

（一）人性與個人特質方面的理論

美國學者德效騫氏在 1956 年，已經指出奧古斯丁與荀子在人性論方面有著相當類似的論說，後來的學者也有不少將二者在人性論方面的學說相提並論。有一點是大多數學者在比較兩者的論點時，就已經注意到的：奧古斯丁提出之人性有惡的觀點，有他基督教神學理論的背景，而荀子提出「人之性惡」，是爲了能讓他的中心思想「禮」能夠爲人所接受。然而荀子以「禮」爲學說之主軸而提出之人性論，以及以性惡之人性論作爲理論依據而提出的道德修養觀，卻與儒家其他派系的說法有著一定的差距。

荀子「人之性惡」的論點，正確的說，是以人的動物性本能作爲他在人性論這個思想範疇之描述的範圍，至於其對「情」、「欲」的論述，則可以視爲人性對於外物而產生之的觸發。也就是說，荀子的人性論，還包括對於「情」、「欲」的論說。對於這些詞彙，荀子將它們定位在人的動物性本能範疇裡面，以爲它們是天賦的能力，並認爲其中並沒有所謂的自我控制的存在，如果任其發展，便很容易使人在行爲上出現失去控制的情況，並使得人群之間產生混亂，而這也就是荀子所謂的「惡」。

雖然在人性之中並沒有足以致善的因素存在，但人的稟賦除了「性」之外，還有所謂的「義」——即人對於事物的辨知能力。荀子以爲若能將這兩者綜合在一起，再透過對於禮義等人爲規範的學習與浸淫，還是有可能達到所謂的道德善。

奧古斯丁在這方面的論說中，較爲著名的爲其「原罪」（sin）的觀念。奧古斯丁以爲，因爲人的祖先對於神的旨意的違逆，使得人在出生時都背負著原罪，亦即人在本性中存有著許多屬於「惡」、屬於「罪」之事物，然而在人的意識中尚存有一些辨識事物的能力，與對眞理的追求欲望，而後者即是對神的敬仰以及尋求救護的嚮往，這使得人還有由於對神的信仰以及對於自身罪惡的悔過，而有滌清自身原罪的可能。奧古斯丁認爲，若非如此，則無法

解釋人在行爲與價值判斷出現錯誤時，人的心靈中爲何會出現負面的情感，還有人爲何會需要信仰以尋求價值上的依靠等諸般問題。

於是奧古斯丁以此爲論據，認爲人之所以得到善，尤其是所謂的道德善，以及心靈上的依託，並非從人類本性上的開發，而是出自於對於神的虔誠信仰，並遵守祂的教誨所致。若非如此，則人便因爲自身所本有之欲望而很容易被所謂的魔鬼所蠱惑，而做出所謂的惡事。換句話說，奧古斯丁以爲人性中之事物均爲污穢的、罪惡的，唯有神才是一切道德和善良的根本，也唯有對神的信仰，才是使人邁向道德，並獲得心靈上的依託的唯一正確途徑。

（二）精神上的修練

在荀子之道德修養論中，比較重要的論點有二：「學」與「禮」。

荀子在「學」這方面的理論見於〈勸學〉與〈修身〉二篇，依照這二篇中的內容，荀子在「學」這方面已經有較爲系統化的論說，諸如學的對象、學的進程以及學之態度均有提及。荀子以爲，人在道德修養的過程中，「學」是不可或缺的重要環節，也因爲如此，該學些什麼，該怎麼學是必須要注意的。在荀子的理論中，「學」的對象是經典中所記載的聖人之道，以及聖人所制定的「禮」，所以「學」的過程便是「始乎誦經，終乎讀禮」，從對經典內容的研習開始，逐步的從對文字內容的了解，到體會其中所記載的聖人之道，其後，再從對聖人所制定的「禮」的研討，了解聖人對整個社會人群的規劃與用心，並在學習與體會中逐步實踐，使自己能達到如同聖人一般的道德修養境界，即「始乎爲士，終乎爲聖人」。

「學」在荀子的修養理論如此重要，使得荀子也注意到過程中的必要條件，一是學的態度：積漸勤修；一是學的對象以及帶路者：禮義師法。到達聖人如此高的道德修養境界，絕非一蹴可及，其間有著相當漫長的修練過程，荀子以爲，在這個漫長的修練過程中，必須積累自己所得到的道德觀念，細心體會，將之徹底融入自己的生活態度之中，並且以鍥而不捨的態度去努力，方有可能達成。而「學」時的對象以及帶路者——禮義師法——也是不可或缺的。荀子以爲，唯有學習「禮」以及記載聖王之嘉言懿行的經典，並遵從真正理解聖人之道的人，尤其是儒者，才有可能學到真正的聖人之道，使自己的修養達到聖人般的境界。所以在荀子的思想中，「師」的地位相當崇高。Stalnaker 也在這裡指出，荀子所謂的「聖人之道」以及「禮義師法」的觀念，便因爲時空背景及其立場的關係，而帶有濃厚的西周文化價值觀的色彩。

其次便是「禮」。在荀子的學說中，由於人的本性中沒有控制自我欲求的意識存在，所以，必須依靠外在的規範來節制自己的欲望，也因為如此，「禮」就成為節制人的欲望以及進行道德修養的重要依據。在荀子的觀念中，聖人所制定的「禮」是在累積過去的治理經驗，並考量人性的需求之後所製造的產物，所以對於「禮」的遵循也是道德修養的必要方式。可以這麼說，「禮」是荀子的道德觀念的重要，甚至是唯一的標準。而人就必須在日常的為人處事上遵守著聖王所制訂的「禮」，並以為主要的價值標準。此外，荀子還提出「禮」必須與能夠疏導情感的「樂」配合運用的觀點，並認為如此方能使「禮」在約束人性上的正面作用完全顯現出來。除此之外，荀子也提出了一個觀念：在以「禮」做為價值判斷的大前提之下，若遇到特殊情況，不必死守著規範的規定，可以用適度的變通來解決當時所面臨的問題。

至於奧古斯丁在這一方面的觀點，Stalnaker 從當時的基督教神學觀點切入，以為就當時的信仰觀念而言，所謂靈魂的救贖是當時的重要信仰概念之一，而且從當時的觀念來說，如果要使靈魂獲得救贖，使之能在肉體死亡後還能依託於上帝，就只有在活著的時候對宗教虔誠信仰，並接受其宗教道德的價值觀。也就是說，當時的道德價值觀，已經從對個體天賦能力的思索，而逐漸轉向以宗教信仰做為最後的依據，亦即所有道德價值的判準，都是以上帝為最終的依歸。在奧古斯丁的觀念中，其所謂的道德修養方式，即是對《聖經》內容所訓示的道德觀念的完全信奉、學習，並在現實生活中徹底履行。

無疑的，這種道德修養方式是一種以宗教信仰為主的修行方式，而其最終目的也不在於使群體獲得和平與秩序，而是使每個信眾都能藉由行為上的規律而得到心靈上的寄託，以達到其信仰上的目的。不過，這種道德修養方式也可以在實際環境上讓群體獲得和平與秩序。

Stalnaker 以為，荀子與奧古斯丁雖然在出發點有著很明顯的不同，但他們在對於人性的欲求上有著相似的觀點，也同樣認為必須尋求一種方式，使人能夠不會完全被自身的欲望所蒙蔽，並且往道德善的方向邁進，然而他們所提出的解決方式卻因為出發點的關係，而有著明顯的不同：荀子尋求以一種行為上的價值觀約束人的欲望，並使人們能夠盡可能的往善的方向發展，於是他提出人可以依照自己的理性去判斷外在事物的觀念，並認為人可以因為自身所有的理性而去接受禮的約束，同樣的，在接受禮的約束的同時，荀子並不反對因為對時勢的考量，而在行為與價值判斷上做出變通的處置方

式；至於奧古斯丁則從宗教的觀點出發，接受「原罪」的觀點，認為人的道德觀必須依照《聖經》的訓示，並完全以《聖經》的訓示做為道德修養的唯一準則，以求得靈魂能為上帝所接納。Stalnaker 以為，就是因為出發點不同的關係，使得荀子與奧古斯丁在道德修養觀上有著「相對」與「絕對」兩種不同的思考模式。

二十二、Kurits Hagen，〈「荀子」中理與類的概念〉〔註24〕

Hagen 認為荀子將其注意力集中於其所謂的聖王之道能否運作於當時之社會，而在其論說之中，「理」與「類」的運用顯然佔有其重要之地位，所以，Hagen 氏在本文中討論此一問題。

對於「理」與「類」這兩個字，Knoblock 在其譯本中分別以「reason」和「proper logical」翻譯這兩個名詞，顯然 Knoblock 以這兩個英文字詞來理解這兩個字之涵義，而葛瑞漢基於其中國思想史著作《論道者》〔註 25〕中對荀子道德修養理論的理解，亦以「reason」來理解「理」字的意義。其後 Eno 則以為荀子之正名理論是從事物之自然型態及其特點作為對事物分類之依據。

然而在馬伯樂的觀點中，荀子對於事物之定義則是針對事物之本質及其最特殊之處，若依此而論之，則「天」在其以維護「禮」之社會控制規範為目的的名學理論中，亦有其特殊之地位。換言之，荀子雖然在其論說中表明了「不求知天」，並強調人為之作用的態度，但在其認知與定義事物之名學理論中，還是要做到某種程度的「知天」。

根據先前諸位學者的研究，Hagen 以為荀子在這層關係上的處理，傾向於將其做某種程度的承認，然而，這也只限於其對萬物各自不同的特徵及其生成與平衡，至於更深一層、更為玄妙的部分，荀子則因為與人的政治社會無關，且又不合於自己所謂的「道」的觀念，而對它們抱持著一種忽略的態度。

Hagen 認為，在荀子以「禮」為主的理論之中，「理」與「類」這兩種涉及對於事物本質與特徵的認知的概念是其觀念的重要基礎之一，依據之前的研究成果，這兩種概念有其表裡相依的關係，並為荀子名學理論中的重要觀

〔註24〕 見 Kurits Hagen, "The Concepts of *Li* and *Lei* in the *Xunzi*: Constructive Patterning of Categories", *International Philosophy Quarterly* 61.2（2001）, pp. 183-197.

〔註25〕 Angus C. Graham, *Disputers of the Tao: Philosophical Argument in Ancient China*（La Salle, Ill.: Open Court, 1989）.

念，而以名學理論爲理論基礎之「禮」的學說，以及荀子所經常提及的「禮義」，更有賴於這兩個概念是否能夠正確運用。換言之，Hagen 以爲「理」與「類」這兩種涉及對於事物本質與特徵的認知的概念爲荀子以「禮」致「道」的思想中不可或缺的部分，而其與「天」的關係，也可以探知「天」在荀子思想中的微妙地位。

二十三、Kurits Hagen，〈荀子對「正名」的運用〉 [註26]

Hagen 在本文中以爲荀子於名學方面的理念與孔子相同，在於努力去影響當時語言之活動。根據他自己對於翻譯的重新思索與部分主要章節的解釋，Hagen 提出與之前研究荀子名學的學者不同的主張：荀子之「名」既不是稱謂，也不是特別的現象分類法，而是將之理解爲促進社會發展目的的觀念。其主要觀點如下：

（一）荀子之正名與多數之中國古代學說相同，以倫理爲其本質。荀子之正名理論並不是在知識論的意義上做確定語意的工作，而是使名能在社會與倫理方面發揮其最大效能。在探究荀子之名學理論時，必須注意儒家之正名並非解釋在語言之中已有何物之過程，也不是獨立於心靈活動之外有何存在之過程。

（二）Hagen 指出，Makeham 主張荀子之名爲約定俗成，而制名爲統治者之特權。Hagen 認爲，若依照 Makeham 的觀點，則區分任一事物以符合任一標準，似乎並無必要。區分一個名所指涉的對象並沒有其內在之適當性，然而區分一對象之範圍卻是由命名而來。換句話說，聖人有權界定名的範圍。Goldin 也認爲名本身的出現是相當自由的，因此無需討論名的來源。而陳漢生則指出荀子名論中的約定論性質。

（三）至於制名的權責問題，Makeham 以爲此一工作爲君主的權力，而Hagen 則以爲這並不代表君主在制名上是完全自由的，君主本身有其社會目的，而他在處理此一工作時，必須達到這個目的。如羅思文氏所言，在荀子思想中的君主有一重要之政治功能——任命足以處理國家政治事務的官吏。當統治者要決定制名的約定原則時，也會尋求在這方面有其專長的官吏的建議。亦即制名之職則在於統治者，然而真正發揮其影響力的卻是其身邊之官吏。

〔註26〕 見 Kurits Hagen, "Xunzi's Use of Zhengming: Naming as a Constructive Project", *Asian Philosophy* 12.1（2002），pp. 35-51.

據此，Hagen 認為制名為聖王之特權，以及制名之過程是以統治階級的利益為主的看法並不正確。就實際上而言，應該將正名之過程視之為統治者與有才能的精英和人民之間的一種較為複雜的商議。

二十四、柯雄文，〈禮之倫理與宗教面向〉〔註27〕

柯氏在本文中試圖從對荀子的「禮」之觀念的探討，將荀子在這方面的相關論說做一個爬梳的動作，並從中議論荀子在天人關係上的思維，以及荀子在「禮」這方面的論說中所展現的宗教觀。

在本文中，柯氏從「禮之理」、「禮之義」以及「禮之本」三個角度切入，探討荀子的「禮」的觀念。柯氏以為，從這三個角度來探討荀子的「禮」的觀念，可以看出荀子在這方面的論說已經與其他儒家學派對「禮」的儀式觀念有所不同，而是以「禮」在制約人的欲望上所能起到的作用，以及訂定一個社會規範標準做為他在這方面的理論的出發點，進而提出人本身無所謂自我約束的能力，而需要尋求外在規範來制約欲望的觀念，並提出以有辨知能力的「心」做為人道德修養的動力觀念。

更進一步，荀子將儒家思想中的「道」所包含的觀念，如「仁」、「義」、「德」、「恥」等觀念，均納入「禮」的內在道德意義之中，並在與其他學派的論爭時，將其他學派所認為的理想制度的徵象納入「禮」在完全實踐後亦能呈現的部分。換言之，即是抬高「禮」的優越性與理想性，並認為經由聖人所制定的「禮」而達到的「人道」，可以與天道——即自然界的運行原則——分庭抗禮。

荀子如此重視並肯定人為的能力，與其「天人相分」的觀點也有關係。荀子在這方面的相關論說中，否定了天與人之間除了最初的生成關係之外，還有其他方面——尤其是在道德價值判斷上——的關聯性，而他也從天賦的人性只有欲望的存在，旁證其道德與天賦無關的論點，一切的道德價值均為人在後天由其對外物的辨知能力所創造出來。

儘管如此，在荀子的學說中仍有部分與宗教觀念有關，即其在「神」與「神明」方面的相關論說。雖然荀子「不求知天」，對於具有神秘性的事物不感任何興趣，然而在其論說中，仍然免不了要以「神」或是「神明」一類的

〔註27〕 見 Antoino S. Cua, "The Ethical and the Religious Dimensions of *Li*（Rites）", *The Review of Metaphysics* 55（2002）, pp. 471-519.

字詞來概述一些較難形容以及較爲神秘的事物，這也顯示了在荀子重人輕天的思維中，仍然不能完全免除當時的信仰觀念。

此外，荀子在〈禮論〉中，也有一段具有宗教神秘色彩的文字說明了「禮」的功能：

> 天地以合，日月以明，四時以序，星辰以行，江河以流，萬物以昌，
> 好惡以節，喜怒以當，以爲下則順，以爲上則明，萬變不亂，貳之
> 則喪也。禮豈不至矣哉！立隆以爲極，而天下莫能損益也。

荀子在這些言論之中，極力讚揚「禮」功用之大，其中「天地以合」等五句，對「禮」的讚揚更是神乎其神，從這幾句讚揚的文辭之中，也可以看出荀子對於「禮」的觀念多少還是帶有宗教信仰的成分在裡面的。

應該這麼說，在荀子重人輕天的觀念下，聖人所制定的外在規範「禮」，與其中的宗教意味相比起來，荀子顯然更重視「禮」在人的道德規範上所能起到的作用，而在削弱宗教信仰對人的行爲的影響力的同時，荀子，或許還要加上以後的儒學思想家，都將他們的信仰的對象轉移到他們的濟世理念上了。

二十五、Eric Hutton，〈亞里斯多德與荀子的道德推理〉 [註28]

Hutton 認爲亞里斯多德雖然與荀子在道德修養方面的「以智達德」的理論頗爲近似，但他們的推論模式與概念的運用畢竟還是有他們在時空環境上的差距。Hutton 在該文中參考了 David Wiggins 以及 Aurel Kolnai 在亞里斯多德思想上面的研究成果，以爲亞里斯多德在其倫理學著作《尼各馬科倫理學》中，以所謂的「實踐智慧」的觀念貫穿其倫理學的思想，而在亞里斯多德的理論中，「實踐智慧」是一種在某些特定情況下，只針對在生活中經常變動的事物裡尋求對自己在價值判斷上有利的思考與行動。換言之，即是在面臨實際行爲上的決斷時所做出的良好謀劃，與所謂的思辨知識與技藝在運用的時機與場合有很大的不同。然而在其觀念中，所謂的品德又是在某些方面所表現出的正確態度，所以在其倫理學範疇的思想中，亞里斯多德認爲「實踐智慧」與所謂的品德是分不開的，更應該說，是「實踐智慧」主導著品德的運用。如此說來，則在亞里斯多德的學說中的「實踐智慧」亦可以視爲其理性觀念在價值判斷上的運用，若用倫理學的名詞來概括其意義，便是所謂的「道

〔註28〕 見 Eric Hutton, "Moral Reasoning in Aristotle and Xunzi", *Journal of Chinese Philosophy* 29.3（2002）, pp. 355-384.

德推理」。

在「道德推理」的觀念上，亞里斯多德與荀子在對於理性的重視有某些程度的類似，然而荀子更爲重視的，則是行爲上的規範觀念，亦即其所謂的「禮」。在荀子的思想中，人若要從某種方式進行其道德修養，而邁向其理想境界「道」，則必須遵守一套完整而又合宜的外在規範，便是由聖王所制訂的「禮」，才能達到這個目標。也就是說，荀子完全將「禮」視之爲一條通往「道」的正確途徑，而人所要做的——不論在道德修養或是在日常行爲——就是完全遵守聖王所制訂的「禮」。所以在荀子的理論中，便提倡人應該善用本身所具有的辨知能力，對外界的事物做出正確的認知與定義，然後再經由這個途徑，體認到「禮」的正確性與重要性，進而接納它、學習它、習慣它，使之成爲日常生活的一部份。到了最後的階段，人完全以「禮」做爲行爲上的判準之後，便達到所謂的「道」的境界。

從他們對於理性在道德思想的運用上的差異，便可以看出同樣重視「道德推理」的亞里斯多德與荀子在這方面的不同理解：亞里斯多德的「道德推理」傾向於個人在面臨價值抉擇上的運用；而荀子的「道德推理」的運用則是傾向於行爲上的規範，以及對整體環境和群體利益的顧慮。

二十六、羅丹，〈依「荀子」第二十三篇『性惡』之文本分析爲基礎，重建荀子人性論的發展〉〔註29〕

羅氏在本文中指出，美國學者便對荀子學說中的「性惡」有兩種不同的見解：一是以爲荀子在建構其學說之前，就已經預設「性惡」此一觀念的存在；一是以爲「性惡」的說辭，是荀子在建構其學說時才出現的構想。簡單的說，就是他們對「性惡」這一觀念在荀子的思維中出現的時間的早晚，有著不同的看法。羅丹以爲之所以會有這種對「性惡」思維在荀子思想中出現時間的爭論，是因爲在《荀子》一書中對「性惡」思維的表達有不一致的情況出現。對於這種情況，羅丹以爲可能是當初荀子在對這一方面的構思的時候，有著前後不同的發展的關係，所以羅氏以對這一範疇的專篇論文〈性惡〉進行文本的解析，試圖找出其間的演變。

〔註29〕 見 Dan Robins, "The Development of Xunzi's Theory of Xing, Reconstructed on the Basis of a Textual Analysis of Xunzi 23, 'Xing e' 性惡 (*Xing* is Bad)", *Early China* 26（2001-2002）, pp. 99-158.

在解析的過程中，羅氏採用 Knoblock 在其譯本 *Xunzi* 中對〈性惡〉一篇的分段方式對該篇進行分析，以為從「人之性惡明矣，其善者偽也」等各段的文字敘述中，再配以《荀子》一書其他篇章在這方面的相關論述，可以觀察出，荀子在人性論這一方面的論點，原本是抱著每個人在自然的本性都是相似、都是「本惡」的觀點。但在人性論上持有「本惡」的觀點，會使得他在道德修養論上的論點出現一個難以自圓其說的地方：人性既本惡，又為何有求善的意願？所以荀子為了修補這個理論上的缺陷，在保留人性皆相似的構想這個前提之下，放棄了人性本惡的觀點，改而採用「偽」的觀點：即人在自然本性有惡的傾向上，若能接受後來的改造，還有向善發展的可能性。所以羅丹以為這也是在〈性惡〉這一篇以人性論為論說主軸的文章中，荀子卻在道德修養這一範疇上大作文章的原因。

二十七、Aaron Stalnaker，〈荀子與早期道家之關聯〉〔註30〕

Stalnaker 指出，之前研究荀子在心論這方面之主張的學者們，都注意到荀子的觀念與道家莊子一派之觀念頗有近似之處，並以為荀子是援莊子之主張以成己說。而被認為是稷下學派之共同著作的《管子》，其有關心論之論說也被認為基本上是屬於道家的說辭。就荀子曾於稷下遊學此一歷史事實來看，荀子之觀念或許與《管子》有所淵源。而 Stalnaker 在本文中所要處理的問題，就是要探討荀子在心論這方面的思想與《莊子》內篇中的論說，以及在《管子》中有關心論之內容做一比較，並探討三者之間的聯繫。

荀子將「心」視之為感官認知的主宰與精神思想的主導者，並認為它有獨立思考判斷的能力，而藉由各個感官來認知外物也是它的能力之一，然而要使它完全發揮其能力，並在道德判斷上發揮作用，則要使它維持在「虛壹而靜」、「大清明」的狀態下，使其對外界事物的認知能夠全面、客觀而且正確，並藉此體認到真正的「道」。

而在莊子的心論思想中，比較重要的為「心齋」與「虛靜」的觀念，再來就是不著於物。而「心齋」與「虛靜」，所指的是「心」應該保持在一種虛而待物的狀態，摒除所有感官對於外界的知覺，藉由與「氣」的相接，使人能夠達到與本質為虛的「道」合一的境界。至於不著於物，則是指人的「心」

〔註30〕見 Aaron Stalnaker, "Aspect of Xunzi's Engagement with Early Daoism", *Philosophy East & West* 53.1（2003）, pp. 87-129.

之所以會對外界事物做出任何有關人為的價值與道德判斷上的反應，而逐漸偏離於「道」的原因，在於人對這些人為的價值判斷的執著，至於要如何解決這種問題，莊子以為就是要不著於物：放棄這些屬於人為價值之物，不為它們所拘束，回歸自然。

　　至於《管子·內業》等篇中有關心論的論說，仍然保有道家莊子一派之「虛」、「靜」、「氣」等修養概念，而另外提出「心」在人的思慮上的掌控觀念，並以這些概念為基礎，發展其「精」與「神」在修養上的理論，以及「心」的「正」、「靜」、「壹」的修養步驟，使人的「心」能在一種冷靜而穩定的狀態下，能對自身以及外在的事物有著正確而客觀的認知，讓人能夠因此達到「道」的境界，即所謂「心靜氣理，道乃可止」、「修心靜意，道乃可得」（二語同出《管子·內業》）。

　　對照三者在心論上的主張，便可以得知荀子對於道家的心論思想做了哪些轉化：在荀子的修養論中，因為僅有欲望的人性本身並沒有所謂的自制能力這個道德修養上的動力，所以人若要進行道德修養，則需要從人的另一個天賦之物——具有認知與判斷能力的「心」——做為道德修養的動力來源。而「心」雖然具有認知與判斷能力，卻也難免因為會受到所處環境的影響，而使其能力無法在道德修養上面完全發揮出其正面作用。這種情況的出現對於以對外界的正確認知做為道德修養的依據之一的荀子而言，的確是個必須要面臨的問題，所以荀子接納了莊子在「心」在「虛靜」方面的論說，而提出「心」在面臨外物時，應該保持在「虛壹而靜」的狀態下這個論點。這裡應該注意的是，在莊子以及《管子》原來的論說中，這種「心」的修養目的，原先都只是具有自然意義的「道」而已，並沒有對它賦予任何道德意義上的目的，然而荀子在採納道家在「心」的修養觀念時，於目的上添加了道德上的涵義，使這種原先只以具有自然意義的「道」為目的的「心」之修養論，轉而為荀子具有道德意義的「禮」的道德修養論服務，並將其完整的修養步驟，化之為荀子以「禮」為主的道德修養論的其中一部分，再配合荀子自己的學習觀：以禮為學習之對象，並使之融入自身之觀念中，便成為荀子自己的道德修養觀。也就是說，荀子接納了道家中的修養觀點，使自己的道德修養觀更加完備。

　　除此之外，荀子的思想與先秦道家之間的淵源，並不只有在心論方面吸收莊子一派的思維而已，對於天、人性以及道德觀念等，荀子也採納了先秦道家

的觀念，以補充自身思想的不足，也就是說，除了莊子的思想以外，荀子也多少接收了老子一派的想法，並將這些原屬於道家的思維以儒家的精神重新組合，成為荀子獨特的儒學觀念之一。換言之，Stalnaker 以為，藉由與稷下學派的著作《管子》的比對，更能釐清荀子與先秦道家之間在思想傳承上的問題。

二十八、柯雄文，〈羞恥在倫理上的意義：亞里斯多德和荀子的洞見〉〔註31〕

柯氏著作本文的目的，在於藉由亞里斯多德與荀子在思想學說較為接近這一點，並試圖從亞里斯多德在「羞恥」上的論點，讓西方的讀者較能了解荀子在這方面的觀念。

對此，柯氏首先指出「羞恥」對於荀子以及亞里斯多德來說，都不屬於他們的「道德善」的範疇，然後再以辭典中的解釋，點明東西方對於「羞恥」的認知。柯氏從幾部英語字典中摘錄出有關「shame」的解釋，而這些解釋大多以為「shame」是屬於某人自身因為達不到某種道德或是某些價值觀的既定標準，而在情緒上所表現出的負面情感，顯然西方比較傾向以這種解釋來說明他們對於「shame」的觀念。至於在中國的傳統觀念中，對於「辱」則有「勢辱」與「義辱」兩種分類，也與西方之觀念略有相近之處，然而中國的傳統觀念顯然比較傾向「義辱」。

柯氏在本文中指出，亞里斯多德與其他古代希臘的思想家對於「榮」與「辱」的觀念均有所討論，而亞里斯多德本人也在《尼各馬科倫理學》、《修辭學》這兩部論著中對這兩種情緒上的表露做過幾番思索，很顯然的，「美好、高尚、善良、高貴俱全」等屬於道德上的完善也被視之為一種「榮譽」，而富貴權力等在物質條件上的優厚則被視之為「榮耀」；至於「辱」，或者應該說「羞恥」，亞里斯多德對這個概念則解釋為一種對於不名譽的事情的懼怕，並且將它認定為一種情緒上的表露，並不將它劃歸為一種德行上的展現，不過亞里斯多德也認為這種在情緒上的表露同時也顯現出人們對某種不合乎道德標準的事物的否定，在倫理觀念中，這已經是種價值判斷的一種表現。

至於在荀子的思想中，其「羞恥」的觀念源自於孔子，與孟子的「羞惡之心」的觀念頗有相近之處，都以是否能符合「義」的道德觀念做為「榮」

〔註31〕見 Antonio S. Cua, "The Ethical Significance of Shame: Insights of Aristotle and Xunzi", *Philosophy East & West* 53.2（2003）, pp. 147-202.

與「辱」這兩個概念的基本辨別標準。然而與孟子相比，荀子更加強調對外界事物的全面性的認知在道德觀念的認定，以及在行動上的判斷等方面的參考價值，並以為是否能做到這一點做為所謂的「榮」與「辱」的標準。也就是說，荀子在「羞恥」這方面的觀念從一開始就比較傾向行動價值上的認定，雖然，也考量到「羞恥」在情緒上的表現，但是他更重視「羞恥」在實際上的道德觀念的意義。

柯氏以為，亞里斯多德與荀子都認為「羞恥」是一種具有道德價值的認定在外在情緒上的表現，也同樣的都不認為這種表現是一種道德，然而與亞里斯多德相比，荀子顯然更重視它在實際行為上的道德意義。

二十九、Kurits Hagen，〈荀子與儒家「禮」的本質〉〔註32〕

Hagen 指出，荀子從人有欲望之存在的觀點，而在人性論方面提出與孟子「性善」論對立之「性惡」的主張，以為其「禮」之中心論點在道德修養方面的理論依據之一，並以為「禮」為道德修養之準繩，其重視「禮」的程度，似乎也使得荀子在「禮」的觀念上與先前的儒家有所不同，Hagen 在本文中要處理的，便是此一問題。

根據其他學者對於孔子與孟子思想的研究，Hagen 以為在他們的觀念之中，已經注意到「禮」的內在意義及其在道德觀念上的價值，也認知到「禮」在道德修養過程中有其重要性，然而他們更重視的是所謂的「義」與「仁」的概念，「禮」不過是體現它們的行為方式而已。換言之，在荀子之前的儒家雖然已經注意到「禮」的內在意義及其重要性，但是在他們的觀念中，「禮」並非是最重要的思想範疇。

在荀子的論說之中，「禮」一躍成為其思想中的中心觀念，並成為能夠達到理想中的「道」的境界的唯一途徑。根據先前其他學者如劉殿爵、Kline 等人的研究，「禮」的觀念在荀子的思想中除了是政治運作之規範以外，還是人在進行其道德修養之外在標準。也就是說，「禮」在荀子的思想裡頭代表了一切的規範。雖然在荀子之前的觀念之中，「禮」本來就有規範行為的作用，然而對「禮」之規範觀念的強化，以及道德涵義的賦予，則是要到荀子手上才比較明顯。

〔註32〕見 Kurits Hagen, "Xunzi and the Nature of Confucian Ritual", *Journal of American Academy Religion* 71.2（2003）, pp. 371-403.

　　Hagen 根據先前諸位學者對於荀子思想的研究，以爲荀子之所以在「禮」的觀念中增添了許多先前儒家的理論中所沒有的東西，並賦予它崇高的地位，是因爲他在根據經驗而在各個思想範疇中所提出的觀點裡頭，都指出人因爲其天賦之本性及其諸般本能的關係，需要一種外在之規範使得人能夠在運用其本能來滿足其本性的時候，尚能使人與人之間保持著一種互不侵犯的秩序的規範，而荀子以爲只有「禮」能滿足這個需求。他在各個思想範疇中所展現出以「禮」爲主的道德修養之規範性質，與需要以對外物的正確認知來做爲其道德修養的手段，對於荀子來說，不過是忠實的敘述他對於「人」之本性與本能的認識，以爲人必須藉由「禮」的規範來達到政治統治與道德修養上的完美境界——「道」——的理由罷了。

三十、Paul R. Goldin，〈荀子的「虔誠」〉〔註33〕

　　「Piety」一詞在西方的觀念中，通常是指在宗教信仰上的虔誠，而被信仰的對象是否眞的有如信仰者所認爲的那般神聖，並值得以虔誠的態度去對待的信仰，也是早先西方學者所熱中的問題。Goldin 於本文中，便從這個角度來探討荀子學說中所「Piety」的對象。

　　如一般所知，荀子與孟子同樣認爲人有成善的可能，但是荀子並不認同孟子所以爲的人性有善端，而道德修養就在將這些善端擴大到成爲所有行爲以及價值判斷的標準之觀念，於是提出人性僅有欲望的存在，必須依靠「僞」來修飾人之本性來達到所謂的善，亦即接受聖人所制訂的「禮」的規範，使其道德修養程度能夠達到君子的水平。

　　「禮」在荀子思想中具有相當強的道德與規範涵義，所以在其理論之中，不論在道德修養或是在政治管理方面，其地位均非常重要。荀子以爲，能夠使個人的道德修養以及國家的政治都能達到所謂的「道」的「禮」，比任何武器都要來得強。

　　荀子因爲其「禮」的觀念，而主張人有欲望的觀點，與霍布斯和盧梭頗爲相近，也同樣以爲欲望爲混亂之根源，於是如何使「欲必不窮乎物，物必不屈於欲」，便爲其「禮」之主張的目的，亦即在「禮」的施行下，適度的滿足人類

〔註33〕見 Pual R. Goldin, "Xunzi's Piety", in Tu, Weiming and Tucker, Mary Evelyn eds, *Confucian Spirituality* vol. 1（New York: The Crossroad Publishing Company, 2003）, pp. 287-303.

本有的欲望，將之控制於「禮」所規範的秩序體制之下。

　　然而與西方的契約觀念不同，荀子對於「禮」之觀念的建構並非僅爲了建造一個最高法則，而是以其道德層面之意義爲最終依歸。從其對愼到等人的評論中，可以看出荀子所重視者並非在法令上的明文規定，Goldin 以爲，此一觀念可溯源於孔子「道之以禮」的言論。也就是說，荀子之規範觀念所重者在於能在人之道德與社會觀念發生維持秩序的作用，所以他對愼到等人僅注意條文之制約意義的態度不表認同。

　　對於聖王之所以能制定「禮」，荀子以爲此亦出自於人之本能，但是在這裡所謂的本能並不是指人性。在荀子的理論中，人之所以爲人，在於其有「辨」的能力，而「禮」以及其他相應之社會觀念便是由人「辨」的能力所衍生出來的。荀子認爲，由人所獨有之「辨」的能力所衍生出的「禮」，對於事物以及不同身分之人的關係均有明確之界定，所以是「人道之極」。

　　荀子之所以不同意愼到之觀念，在於愼到之觀念並沒有顧及到人的本性，而只專注於法令的規範。荀子以爲，這個缺陷使得愼到的法的觀念不能在實際運用上完全達到理想的效能，畢竟所要面對的是人，不將人的因素考慮進去，再精密的法令規範也會出現問題。荀子以爲，只有聖王所創制的兼顧規範與人的因素的「禮」，才能完全發揮其完美的效能。

　　在荀子批評愼到之言論中有一個重要的觀點，即是「禮」之權威性並不僅僅在於爲聖王所制定，同時也符合荀子所謂的「人道」。從他對其他諸子的批評言論中，也可以看出類似之觀點，亦即唯有以儒家之理論，「禮」之理論來修身治國，才是唯一正確的途徑。從其相關言論中，也可以看到荀子所專注的，是經由「禮」而達成的「道」。

　　對於荀子的傳人，一般僅注意到韓非子與李斯這兩個明顯反對儒家思想的歷史人物，而忽略了漢代經師大小毛公也是荀子在《詩經》方面的傳人，未免失之偏頗。而且韓非身爲荀子之著名弟子，其思想與乃師頗有異同，其中最明顯之差異，就在於不信任人自身之道德觀念，而完全以方便君主之統治爲訴求重心，建構其「法」之學說理論。若以荀子自身之觀點論之，韓非此舉之缺陷與愼到相同，均不注重人在政治學說中之地位，不過韓非則因爲所處之時空環境的關係，其考量與其師不同，使得他雖然在某些觀念上沿襲了荀子的論點，卻在整體之運用與呈現上表現出與儒家和荀子不同的樣貌。

　　其實仔細觀察荀子「道」的觀念與其他先秦諸子的關係，便可以察覺到

荀子在這方面之想法與當時的黃老學派頗有淵源，然而在關於「天道」方面
的論說，荀子顯然並不感興趣，他所關心的是人與現實，也就是說，荀子所
尊崇的「道」並不以所謂的天與地為其關切的重心，而是尋求讓人能在實際
生活上獲得幸福的方式。

第五章 1994 年～2003 年美國荀子研究述論

　　由前一章對此一時期論著的述要中，可以得知，人性論、天論、心論、名學和禮論等論題在這一時期仍然有所討論，不過因為趨勢的關係，荀子思想中的道德論以及其他有關倫理學方面成為這個時期荀子研究的焦點，此外，也有部分學者從其他不同角度來探討荀子的學說。本章則從人性論、心論、天論、禮論、名學以及道德論等六方面對這一時期的荀子研究成果進行述論，不能為以上六個範疇所涵蓋的部分，則在「其他」一項討論之。

第一節　荀子研究述論（一）

一、人性論

　　艾文賀以為，荀子對人性在道德修養方面所能產生的作用並沒有信心，而傾向以外在的規範來彌補人在這個先天上的不足，於是在其理論中再三強調外在規範對道德修養的重要性，並從對語言定義的一致性以及人本身對於外界事物的認知能力與判斷能力，來建構一個人與外在規範於道德修養方面的堅強的聯繫。此外，艾氏還以為荀子之所以提出「性惡」的論點，是想要從人性論來證明「禮」的重要性，並解釋「禮」出現之原因，人性是否為「惡」並不是其論述的重點。而他之所以反對孟子的「性善」，則是因為孟子的「性善」無法解釋「禮」客觀存在的事實。二十世紀初期的西方漢學家在接觸到荀子的學說時，也注意到荀子的「性惡」觀點與基督教神學裡的「原罪」理論的異同，至於荀

子的「性惡」是否即一般人在字面上所認定的「人性本惡」，在經過數十年來的討論之後，也逐漸得出荀子之性惡應解讀為人性有惡此一共識。

倪德衛指出，荀子雖然在人性論方面有「性惡」的主張，但又以為人之所以與其他生物不同，在於人有「義」，而「義」在人外在行為上的表現，則有待於「偽」的培養以及其他相輔相成的要素，至於性惡之人如何接受約束他們的「禮義」，荀子以為，這是因為人在認識事物之後，還能用「心」對它們進行思考的關係，所以「心」的認知與判斷能力，就成為人接受「禮義」、並進行修養的關鍵。但對事物的認知與思考並不一定可以使人們在行為上做出正確的判斷，而人們也不見得會完全按照他們對事物的認知與思考做出判斷，倪德衛以為，這個問題顯示出荀子的道德修養論並沒有強制力。

Kline 指出，在荀子的理論中，人的天賦除了所謂的「性」之外，尚有所謂的「義」，似乎將「義」視之為一種內在的道德因素，然而在其他地方，荀子又將「義」視之為外在的道德規範，面對此一矛盾，Kline 以為，倪德衛以及 Hutton 等人將〈王制〉所言之「義」解釋為僅具認知意義的「義」的做法，不但較為貼近荀子的原義，也解決了這方面的矛盾。

Goldin 指出，荀子認為由人性所直接產生的行為，僅有被當時的價值觀認定為「惡」的利害爭奪，因此，唯有藉由對於外在規範的學習、遵守與習慣，才有可能進行其道德修養而達到所謂的「善」。所以他對孟子藉由人性中的善端的開發以進行其道德修養的論說予以駁斥，並以為禮義本身的客觀性存在，就顯示出孟子性善論的錯誤。

Hutton 以為，荀子在人之特質上所說的「義」，並非如一般人所認知的具有道德性的意味，而以「辨別」來形容這個「義」字較為恰當，至於「有義」的「有」，也應該視之為「擁有」。根據這些論點，則可以觀察出，荀子是以「善用自身所擁有的辨別能力」作為其進行道德修養的方式。

李長熙以為，荀子所謂的「性」，為人類之生存以及感官的本能欲望，而荀子便根據此一論點，以及「禮」之觀念與制度本身的客觀性存在來駁斥孟子之「性善」的觀點。

Stalnaker 以為，荀子「人之性惡」的論點，正確的說，是以人的動物性本能為描述的範圍，至於其對「情」、「欲」的論述，則可以視為人性對於外物而產生之的觸發，也就是說，荀子的人性論，還包括對於「情」、「欲」的論說。

羅丹在對〈性惡〉的內容進行分析之後，指出荀子在人性論方面原本抱

持著每個人在自然的本性都是相似、都是「本惡」的論點，但在人性論上持「本惡」的觀念，會使得他的道德修養論難以自圓其說，而他為了修補這個理論上的缺陷，在保留人性皆相似的構想這個前提之下，放棄了人性本惡的觀點，改而採用「偽」的觀點，主張人在自然本性有惡的傾向上，若能接受後來的改造，還有向善發展的可能。

對於「性」，荀子將之界定為只是自然生命之質，是中性的，至於其內容，則以為是人類的自然本能以及情欲，而所謂的道德觀念並不在其中，荀子便依據這些論說，以為人完全順從其自然之性而表現於外在之行為，僅能以「惡」來總括之，而一般所謂的「善」的行為，不但無法經由對性的完全順從展現出來，而且還明顯地對性有所違逆，所以，荀子以為若要使人向善，順從人的自然之性顯然行不通，唯一可行的方法是從外在的規範對性進行矯正，也就是荀子所謂的「化性起偽」。

至於「偽」，在荀子的觀念中有兩層意義：心對情的反應加以選擇判斷之後，而做出行動，為第一層意義之「偽」；經過多次的選擇判斷與多次的學習實踐，而培養出的道德行為，為第二層的「偽」，也就是荀子「其善者偽也」所指之「偽」。

至於如何「化性起偽」，荀子以為除了內在的心對事物的思考與判斷之外，尚需要外在的禮義師法作為外在行為之規範，亦即經由內心的思慮判斷與外在的規範的雙管齊下，使人之行為轉向符合禮義的方式表現出來。然而，若要使內心的思慮判斷與外在的規範能夠發揮其化性起偽的作用，則必須在此方面做好「隆積」的工作，亦即藉由日常生活的習慣，將禮義之規範完全融入人的行為與思想之中，使人能夠完全接納與履行它。

此外，若依荀子對人性之定義，則人之能「群」亦為其本能之一，也可以歸屬於人性的範圍之中。

艾文賀從荀子「禮」的觀念來解釋荀子之所以在人性論提出性惡的說法，並對性惡論之所以引人注目，以及西方漢學家對荀子性惡的理解過程，都做了清楚的交代，其論點都是正確的，然而，他在〈荀子〉一文中對荀子的人性論，及其與道德論之關係的大篇幅描述，似乎也顯示出在艾文賀的觀念中，仍然存有過去學界以人性論為荀子學說之重點的過時觀念；倪德衛從「偽」的觀念來解讀荀子的人性論，也著重在探討人性論與道德論之間的關係，至於荀子的人性論與其他思想範疇之間的聯繫，則不在他的關注範圍之內，此

一做法，使得他的論說未免有所欠缺；Kline 專注於思考與人性同爲天賦的
「義」，雖然辨明了荀子「義」的觀念並非只有單獨一種，但並沒有對荀子的
人性論做深入的探討；Goldin 指出荀子從禮義本身的存在作爲性惡論的論證
之一，也注意到荀子的道德論之所以出現，但對於荀子性惡論之內容並沒有
完整的探析；Hutton 辨明了荀子「有義」的意義及其與人性論和道德論之間
的關係，但此一觀點也偏重於討論荀子的人性論與道德論之間的關係，對於
荀子人性論本身的探討著墨不多；李長熙點出荀子對於孟子人性論的誤解，
並暗示荀子的人性論與其天論有一定的聯繫關係，可惜其論說並無創見，只
是一再陳述以前既有的觀念；Stalnaker 指出荀子所謂的人性是以人的動物性
本能及其對「情」、「欲」的論述爲描述的範圍，雖然沒有探討人性論與其他
思想範疇之間的聯繫，但就人性論本身的指涉範圍而言，他的說法是正確的；
羅丹從文本內容的探討，提出荀子在人性論本身前後有所改變的觀點，以之
解釋荀子在人性論的論說之所以出現矛盾的原因，則在這方面的探討開啓了
一個新的思維方式。

在這個時期的學者已經認定荀子之所以在人性論這個思想範疇抱持性惡
的論點，是爲了使其中心觀念「禮」，以及以「禮」爲依據的道德修養理論在
人性論方面尋求理論依據。而他們也察覺到荀子對人性的界定，是就「性」
字的原始意義而言的。也就是說，他們認爲荀子在人性論方面所主張的「性
惡」不是以「人性本惡」來界定的，根據原文的敘述，應該以人性有惡來看
待荀子的「性惡」。不過，因爲荀子對「性惡」的部分敘述顯得有些混亂，也
使得幾位學者開始質疑荀子對其「性惡」之觀念是否在其生前即有所改變，
而其答案則是肯定的。

其次，此一時期對於人性論的討論多與荀子的道德修養理論合併議論，
間或單獨議論荀子人性論本身之問題，以及荀子人性論在先秦思想史之地
位。就此而言，可以窺見此時對於荀子之思想學說之討論多集中於道德修養
之理論，此一現象，恰可爲此時之美國學術焦點集中於倫理學問題的一個案
例。然而此一研究趨勢雖有助於對荀子道德修養理論的整體研究，但就人性
論方面而言，卻很容易忽視它在人性論史方面之發展的獨特意義，及其理論
與其他思想範疇的聯繫關係。換言之，此時之人性論研究偏向人性論與道德
論之間的關聯，而在人性論本身及其與其他思想範疇之間的探討，則略嫌不
足，而此後之研究，則應該對後者有所補強才是。

二、心　論

Hutton 指出，荀子認爲任何價值參考的依據都有可能會讓人在實際的情況中做出錯誤的判斷，若要讓「心」不會偏執於這些價值參考的依據中的某一部分，則必須使「心」在面對價值判斷時，能夠處於「虛」、「壹」、「靜」的狀態。

李長熙以爲，荀子在「心」這方面的理論在其道德修養理論之地位與運用，其實與孟子之觀念相差不大，而其論說也與道家理論頗有相近之處，不過，在其整合之下，荀子以具有思索、認知與主宰功能的「心」爲重要媒介，來引進外在之行爲規範，以導正人之本性的道德修養理論，就頗有以智達德的意味。

Stalnaker 指出，荀子基於其自身理論上的需求，接納了莊子之「心」在「虛靜」方面的論說，而提出「心」在面臨外物時，應該保持在「虛壹而靜」的狀態下這個論點。然而這裡應該注意的是，在莊子以及《管子》原來的論說中，並沒有對它賦予道德上的意義，但荀子卻在採納道家「心」的修養觀念時，於目的上添加了道德上的涵義，使這種原先僅具有自然意義的「道」爲目的的「心」之修養論，轉而爲荀子具有道德意義的「禮」的道德修養論服務，並將其完整的修養步驟，化之爲荀子以「禮」爲主的道德修養論的其中一部分。

在荀子的學說中，人無法從質樸之「性」發展出道德觀念，而需以「僞」來使人得到所謂的善，荀子以爲，要讓人接受「僞」來導正自己的本性以達到善的境界，「心」便是其中的關鍵。

荀子在「心」這方面的論說有兩個假設，其一，就是對於外界的事物有認知的功能。而此一認知之心除了最基本的對事物的認知能力之外，還能夠進行思慮、辨別，因此，此一認知之心可以對事物進行價值上的評判。

他對「心」的另一個假設，則是以爲「心」有主宰自然感官以及自主之能力：

> 心居中虛，以治五官，夫是之謂天君。（〈天論〉）

> 心者，形之君也，而神明之主也，出令而無所受令。自禁也，自使也，自奪也，自取也，自行也，自止也。故口可劫而使之墨云，形可劫而使詘申，心不可劫而使易意，是之則受，非之則辭。（〈解蔽〉）

這兩條文字表明了「心」除了主宰自然感官的能力之外，尚有所謂的自主意志，不爲外在環境所操縱。

具有可認知外物、主宰自然感官之能力，且又有自主意識的心，該如何完全發揮其功效？對此，荀子以所謂的「槃水之喻」來說明：

> 故人心譬如槃水，正錯而勿動，則湛濁在下而清明在上，則足以見
> 鬚眉而察理矣。微風過之，湛濁動乎下，清明亂於上，則不可以得
> 大形之正也。心亦如是矣。故導之以理，養之以清，物莫之傾，則
> 足以定是非、決嫌疑矣。小物引之，則其正外易，其心內傾，則不
> 足以決麤理矣。（〈解蔽〉）

在這裡，荀子將「心」譬作槃水，當其清、靜時，對於外物都可以有客觀、正確的認識，然而，若是不能保持此一清且靜的狀態時，則「心」對外物的認知便會出現謬誤，而「不足以決麤理」。為了保證「心」能夠維持在清且靜的狀態，而不至於發生因為「蔽於一曲」而產生之謬誤，荀子主張應以「虛壹而靜」之修養工夫來維持此一狀態。

何謂「虛壹而靜」？荀子對此的解釋為：

> 心未嘗不臧也，然而有所謂虛；心未嘗不兩也，然而有所謂一；心
> 未嘗不動也，然而有所謂靜。人生而有知，知而有志。志也者，臧
> 也；然而有所謂虛，不以所已臧害所將受謂之虛。心生而有知，知
> 而有異，異也者，同時兼知之；同時兼知之，兩也；然而有所謂一，
> 不以夫一害此一謂之壹。心，臥則夢，偷則自行，使之則謀，故心
> 未嘗不動也；然而有所謂靜，不以夢劇亂知謂之靜。未得道而求道
> 者，謂之虛壹而靜。作之：則將須道者之虛則入，將事道者之壹則
> 盡，盡將思道者靜則察。知道察，知道行，體道者也。虛壹而靜，
> 謂之大清明。（〈解蔽〉）

根據這段文字，則荀子所謂的「虛」與「壹」是指對新事物的認知與已有的知識須保持客觀並存的狀態，以避免因為既有的成見，而妨礙到對事物的客觀認識。至於「靜」，則是保持冷靜的狀態，不使情緒的波動與外界的干擾影響到「心」對事物的認知與判斷。荀子以為，人對事物的認知之所以出現謬誤，無非是因為自身之立場、既有之成見，以及情緒的波動所導致的，若能以「虛壹而靜」來處置，則可以破除種種謬誤，而對事物有客觀且正確的認知，進而能理解並實踐所謂的「道」。不過，荀子以為此舉尚需以「誠」來來穩住容易浮動的心，然後兩者併力，才能堅定不移的去追求「道」。

此外，必須注意的是，荀子在這方面的主宰觀念，是承襲儒家本有之觀念，而知慮之論點，則是吸納了莊子的說法，不過，荀子在運用這個論點的時候，則是按照自己的立場，轉變其原來對事物採取全然旁觀的用意，而改

為對人事的正確判斷與處理。

　　Hutton 在這方面的論說辨明了「虛」、「壹」、「靜」在荀子心論中的運用方式，並認為這是荀子道德修養理論的部分內容，但卻沒有辨明此一觀念之來源，容易讓人誤解此一觀念完全為荀子所自創，而忽略此一觀念實為取自於莊子的學說；李長熙對於荀子在這方面的理論之論述相當完整，在源流方面以及在其道德修養理論的運用皆有顧及，此一時期對於荀子心論的論述，以李氏的觀念最為完整；Stalnaker 偏重於荀子與道家在這方面的論說的比較，並指出荀子在這方面轉化了道家的觀念，對荀子心論源自道家的部分及其轉變辨析得相當清楚，然而，Stalnaker 只專注於辨析荀子學說中來自道家的部分，使其論說並沒有對荀子學說中源自儒家的觀念及其運用連帶說明清楚。

　　這一時期對於荀子心論之研究並不熱烈，而且偏向於該理論在荀子道德修養論中的運作，以及與其他學派之間的聯繫關係，與前一時期相比，這一時期在這個思想範疇裡並沒有較為新穎的發現，此一情況也顯示出荀子心論之研究已經進入瓶頸，此後之相關探討，可能需要從出土文物中尋求新的突破。

三、天　論

　　Goldin 指出，荀子在這方面的論點承繼了儒家既有的思維，也吸收了道家的「自然天」的觀念，而傾向於將所謂的天視之為單純的自然環境，並否定天對於人亦有其道德價值的存在，以及在最初對人類的創造生成之外，與人類行為的任何關係，進而肯定人自身能力的獨立性，及其對現實環境的影響力，並認為這些才是人所應該注意的。

　　李長熙以為荀子為求符合其「禮」的中心理論而提出的「自然天」的論點，除了否認「天」與人之間有任何的聯繫之外，也顯示在他的思想中有一定的科學色彩，然而，其重視實用的思維，卻限制他不往科學研究的方向發展。

　　荀子在此一思想範疇所提出之論點為「自然天」及「天人相分」之觀念。荀子以為「天」純粹為一按照規律運行的自然界，本身並無所謂的意志可言，亦不具備道德價值的判斷，所以，即便是發生特殊於平日的狀況，都只是自然界的現象，它們的出現並不具備任何神秘的意義以及特定的目的，也就是說，它們的出現與人間之事並沒有相應的關係，人無須因為這些特殊現象而對天投以特殊的情感與期待，只要以平常心看待即可。

　　雖然荀子有將自然只當自然看的想法，卻不曾因此動過對天進行科學研

究的念頭，反而有「不求知天」的說詞，這是因爲荀子所注意者在於人事，自然科學不在他的關注範圍之中。然而，其所謂「不求知天」的觀念又似乎與「夫是之謂知天」這句話矛盾，但荀子所謂「不求知」者，爲自然萬物，而必須「知」者，則爲人自身所受之天賦，兩者所針對之對象不同，所以其間沒有矛盾的存在。

從「自然天」、「天人相分」兩個觀念中，荀子導出了「天生人成」的論點，荀子以爲自然雖然能夠生成萬物，但是卻不對萬物作治理、成就的工作，所以這項工作，便由人來執行——以禮義來治理，使本身素樸的、中立的事物，能藉由禮義的治理而導向善的境地。而荀子也根據此一論點，而提出制天用天的主張：運用人的智慧，在適當的時機中，對自然萬物作出最佳的利用。

此外，荀子否認天有任何的神秘性，並反覆強調人類自身能力有其極大的可能性，但荀子仍然在其「禮」的論說中保留了尊天事天的儀節，此一舉措顯示出天在荀子的學說之中雖然不具備任何道德意義，但仍然有其一定的尊崇地位。

Goldin 在其論說中釐清了荀子「自然天」觀念的源流與背景，但卻沒有進一步論述荀子天論因而產生的矛盾之處，也沒有論及荀子天論與其他思想範疇之間的聯繫，使得他在這方面的論述顯得相當單薄；李長熙點出荀子根據自然天的觀念，而進一步提出的「天人相分」的論點，及其本身不足之處，然而，與 Goldin 一樣，李氏也只有注意到荀子「自然天」的觀念，而忽略了「天」在荀子的論說中仍然存有一定的神秘色彩。

這一時期對於荀子「天」之觀念的探討，仍持續前一時期已經探索出來的「自然天」的論點，以之作爲探討該理論在荀子學說中的運用，然而此時也有人嘗試探討荀子的自然天理論與荀子在其他思想範疇之理論的影響，此一研究方式似可作爲之後荀子天論研究的發展方向。

第二節　荀子研究述論（二）

四、禮　論

顧史考指出，在荀子的觀點中，「禮」是爲了平衡個體與群體之間的關係而出現的，至於「樂」，則是爲了抒發情感。荀子注意到「樂」的這種功用，

於是，在他的理論中，將「樂」設定成一種溫和的緩衝方式，使人較能接受「禮」對人的約束。

Berkson 指出，從荀子的死亡觀中，不但可以觀察到荀子對於「禮」是如何的重視，也可以看出荀子在其「禮」的理論中是怎麼處理所有有關人的問題。

Goldin 以為，在荀子的觀念中，除了在個人的道德修養之外，「禮」的存在也傾向於一種團體秩序的維護與運作，這與歐美思想家對於秩序的觀念的思考有某種程度的相似。至於「樂」，在荀子的觀念中，則是運用它在抒發情感上的作用，使人在「禮」的約制之下，能夠在這方面疏導他們的情感，並起到聯絡感情的作用，讓人能在遵守「禮」的生活下，使他們的情感能獲得適度的平衡，進而達到對「禮」的輔助性效果。除此之外，Goldin 還指出，在荀子的理論之中，「禮」不但是完美的規範與制度，似乎也成為他信仰的對象。

李長熙以為，在荀子的理論中，「禮」和道德修養連結在一起，並以為是道德修養的重要方式，是因為荀子本身之道德修養觀念也以「禮」為中心，並認為對欲望的控制也是道德修養的重要工作之一的關係，這麼一來，便又與「心」的認知與判斷能力連結在一起，也就是說，在荀子的道德修養理論中，「心」必須和「禮」配合運作，方能使人達到善的境界。

柯雄文指出，荀子將儒家思想中所有的道德觀念，均納入「禮」的內在道德意義之中，並在與其他學派的論爭時，將其他學派所認為的理想制度的徵象納入「禮」在完全實踐後亦能呈現的部分。柯雄文以為，荀子這種抬高「禮」的優越性與理想性的做法，顯示出荀子對於「禮」的觀念也帶有宗教信仰的成分。

Hagen 認為「禮」在荀子的思想裡代表一切的規範，雖然在荀子之前的觀念中，「禮」本來就有規範行為的作用，然而，對「禮」在規範觀念的強化，以及道德涵義的賦予，則是到了荀子才比較明顯。

「禮」的原始涵義是指與祭祀有關的儀節，將之視為一般場合所使用之儀式，是之後的擴大解釋。然而在荀子的學說之中，「禮」已經不單指儀式節文本身，而是將範圍擴大到凡是與人相關之規範儀節均可以納入「禮」的範圍之中，大至國家的治國規範，小到個人的日常活動與行為舉止，均為「禮」的管轄範圍。也就是說，「禮」在荀子的學說中，已經被當成是一種社會架構、一種政治規範，所以荀子認為「禮」在人類世界中極端重要，不可或缺。

荀子以爲「禮」之出現，並非源自於人之本性，而是出自於聖人的創制：

> 禮起於何也？曰：人生而有欲，欲而不得，則不能無求。求而無度
> 量分界，則不能不爭；爭則亂；亂則窮。先王惡其亂也，故制禮義
> 以分之，以養人之欲，給人之求。使欲必不窮於物，物必不屈於欲。
> 兩者相持而長，是禮之所起也。(〈禮論〉)

這是因爲人性本身有情欲等反應存在，卻沒有自制的能力，所謂的「惡」就因此而生。雖然人生而有情欲是正常的事，也不應該完全壓抑它們而影響到人類自身的生存，但無所節制，總是動亂的根源，所以必須有一節制與導正之方式，使人的情欲得到適度的滿足，且又能讓社會處於和平有秩序的狀態下，在荀子的眼中，「禮」就是達到此一目的的最好方案。

然而，「禮」不是無道德價值的自然天所賦予人的，而是經由聖人的「積思慮，習僞故」而創制出來，以爲個人修身以及社會規範之準則。不過，「禮」完備也不是一蹴可及，而是需要經驗與智慧的累積，所以，荀子以爲與其在這方面完全以追蹤久遠之前的先王之言論與做法爲務，倒不如採納與當下之時空環境相近之近代，也就是荀子所謂的後王所制定的制度，較能符合實用，且容納了更多人的經驗與智慧。

「禮」之作用，以「分」爲主，荀子在〈樂論〉也說「禮別異」，所以「禮」之最大功用，在於能讓人依照各自的能力與地位，達到各知其宜、各盡其能的目的，換言之，即是使人對自身的「義」能夠完全理解，並落實在現實生活之中。

除了「分」以外，「禮」尚有「養」的作用。若說「分」是「禮」所規定的義務的話，那麼「養」便是「禮」所賦予的權利，目的在使人「欲必不窮於物，物必不屈於欲」，然而也是因爲「欲必不窮於物，物必不屈於欲」的關係，所以「養」必須受到「分」的限制。

此外，荀子亦主張「禮」可以節情與制文。簡單的說，就是運用「禮」的「分」與「義」以及外在的儀式來調節人的感情，使之能因其當時之地位，適度表達自己的感情。

另外，荀子也以爲可以抒發人類情感的「樂」，也能與「禮」相配合，讓「禮」能發揮其完全的功效。

顧史考在其論說中指出，禮與樂爲荀子教化觀念中的配套措施，並認爲不能忽略樂在荀子論說中的地位，就此而言，顧氏禮樂並重的觀念是之前所

少有的，但顧氏也只討論到這裡，對於荀子禮的觀念與其他思想範疇之間的聯繫沒有再多作討論，是其不足之處；Berkson 從死亡觀這個比較特別的角度，觀察到荀子在其禮的論說中，除了人在感情上的抒發之外，也考慮到當時的信仰觀念，以及該如何將之傳承下去的論點，此一論說指出了大多數學者在這方面的研究所沒有注意到的地方，然而，在與其他思想範疇之間的聯繫這方面的論述，似乎不夠嚴密；Goldin 也認為禮與樂是荀子教化理論中的配套措施，也指出「禮」在某種程度上可以說是荀子的信仰所在，然而要如何使人接納「禮」，並成為自身進行修養的依據，則沒有詳細說明，使其論說沒有完全映照出荀子在這方面思想的全貌；李長熙偏重於「禮」在道德修養理論方面的論說，而忽略了「禮」在政治方面的作用，使其論說未免偏於一隅；柯雄文也以為荀子似乎將「禮」當作他的信仰，不過，其論說也偏重於道德修養方面，至於「禮」在政治方面的運作幾乎完全不提，容易讓人忽略荀子「禮」之思想在政治方面的運作及功用；Hagen 也注意到荀子在其學說中對於「禮」的觀念之擴充與刻意強調，然而，他也忽略了「禮」的觀念與其他思想範疇之間的聯繫關係。

對於「禮」，荀子賦予許多道德修養上的觀念，並強化其社會規範上的作用，簡單的說，荀子將「禮」理想化了。這時期的研究者也注意到這一點，所以，在對這個範疇的研究中，也突顯出荀子對於「禮」在政治、社會以及道德修養等方面的寄望。雖然如此，在普遍關注荀子「禮」的理論在道德以及社會規範上的價值的同時，還是有人注意到荀子在對其「禮」的理論進行構築時，所殘留的宗教色彩。

此外，對荀子「禮」的理論偏重於道德修養理論以及政治社會觀念等方面的研究，雖然觸及荀子思想之核心，但是，這些究竟並非荀子「禮」之理論的全貌，而此後之研究，除了繼續深思荀子「禮」之理論在道德修養以及政治社會觀念的意義之外，似乎也該進一步探討荀子「禮」之理論在其他方面的延伸問題。

五、名　學

Makeham 以為，在荀子之理論中，對事物的命名具有隨意而約定的性質，然而對於諸般事物之意義的劃分，則是統治階層的權責，而其用心所在也偏向於實用，至於語意的部分反而不是最受重視的地方。

Goldin 指出，荀子認為對外界事物的認知與定義，應該以感官對於事物特徵的感知做為分類與定義的標準，然後用眾人對該事物的共同認知為它命名和定義，以達到其所認定之名實相符，並將其運用於政治與社會生活，以為達成「道」的重要工具之一，至於其更深一層的意義，則沒有繼續討論的必要。

Hagen 指出，荀子以「禮」為主的理論之中，「理」與「類」這兩種涉及對於事物本質與特徵的認知的概念是其觀念的重要基礎之一，是荀子「以禮致道」的思想中不可或缺的部分，其與「天」的關係，也可以探知「天」在荀子思想中的微妙地位，此外，Hagen 還以為在進行制名的工作時，在其間真正具有影響力的，並不是君主，而是在他身邊的官吏。

荀子在其名學理論中提出如下的觀點：

（一）「所為有名」

制名的目的在於指實，亦即確切的表達出所指稱的事物的意義。指實之目的與作用有二：一是辨同異，二是明貴賤。簡單的說，即是對世間萬物的意涵作明確的劃分，使人在溝通時不至於因為語意的誤差而造成障礙。

（二）「所緣以同異」

對世間萬物的分辨，必須依靠人類所共有的感官知覺來對不同的事物所具有之特徵進行區別，在經過比較與分析之後，逐漸形成與事物相應的概念。

（三）「制名之樞要」

荀子在這裡提出五項原則：

1. 同則同之，異則異之

名與實之間必須有明確的對應關係，所以在實際上具有不同特質的不同事物，在名的對應上就必須有所區分，不得混淆。

2. 徑易而不拂

雖然名本身有「名無固宜」的問題，但是在制定時，則必須以通俗易懂，容易使人接受為原則。

3. 稽實定數

即是以對實際事物的考察來決定名的數量。

4. 約定俗成

制定事物之名時以遵守大多數人的認知為原則，則可以儘可能的避免語

義上的誤差。然而必須注意的是，荀子之制名原則雖然有這一條，但是荀子的制名觀念還有許多其他的內容，不能逕以此一原則定義荀子的制名觀念。

5. 王者之制名

王者應該主持制名的工作，進而使國家之政治能夠上軌道。

除此之外，荀子還在「辭」與「辯說」方面提出自己的見解。

（一）辭

荀子以爲，所謂的「辭」，就是「兼異實之名以論一意也」（〈正名〉），是由不同的名組合而成，用以表達一種意義或思想。因此，則「辭」便有是非眞僞的問題，對此，荀子以爲應該以感官的對外接觸爲其依據，然而，感官知覺也會出現誤判，而必須以「虛壹而靜」的心，確保感官知覺本身的客觀性。

（二）辯說

荀子在這方面的論說相當豐富，在此以理由、意義、類型、態度、原則以及方法分析之。

1. 理　由

荀子在這方面的理由與孟子「予豈好辯哉？予不得已也」基本相同，都以爲在亂世之中，爲了息邪說、辨姦言，以及宣揚先王之禮義，必須以「有益於理者」之言與其他對手進行辯論，至於「無用之辯，不急之察」，則無須理會。

2. 意　義

荀子認爲辯說是在名與辭的基礎上進行的，所以他在論述其過程時提出「實不喻然後命，命不喻然後期，期不喻然後說，說不喻然後辨」此一論說，以爲認識事物的思考過程是從「實」──即客觀事物──開始，若不能明白，則需「命」（命名）以形成概念，若「命」不足以解決問題，則以「期」（判斷）來處理，若「期」也無法處理，則以「說」（推論）來處理，若是「說」也無能爲力，則以「辨」（論證）來處理。亦即以實、命、期、說、辨逐層補救前一項之不足。

3. 類　型

荀子以爲辯說可分爲聖人之辯、士君子之辯與小人之辯三類。而荀子如此的分類方式，是以人格爲其標準，並以爲「成文而類」的合乎禮義統類之辯爲聖人之辯，「辭辯而無統」、「辯說譬喻，齊給便利，而不順禮義」之辯爲小人之辯，而「少言而法」──遵守禮法之辯爲士君子之辯，同時也是荀子

對自己辯說立場的認定。

4. 態　度

荀子以爲辯說應有之態度有二：

（1）莊重誠敬，辯而不爭

荀子認爲辯說是爲了求得眞理，所以在辯說時，不應該有意氣之爭，若在過程中發生此事，則停止辯論。此外，荀子還以爲應該以莊重誠敬的態度與對手進行論辯，除了可以避免意氣之爭以外，也比較容易讓對手對自己心服口服。

（2）以公心辨

荀子以爲辯說時應採取「以仁心說，以學心聽，以公心辨」（〈正名〉）之態度，在論辯的過程中完全遵循公正客觀之準則。

5. 原　則

荀子以爲辯說應符合以下兩種原則：

（1）辯異而不過，推類而不悖

所謂「辯異而不過」，是指在辯說時，必須正確的分辨不同的事物，而不至於混淆不同的事物。荀子之所以提出此一觀念，是因爲辯說時所運用之推論與論證，都是由「名」與「辭」組合而成，所以必須先在此處進行正本清源的工作，才能在辯說時正確地表達其觀念。

至於「推類而不悖」，則是在要求推論時要符合類之關係，以避免因爲類之關係的混淆而產生的錯誤。

（2）聽則合文，辯則盡故

「聽則合文」是指聽取他人合於禮義之言論。「文」在這裡是指禮義而言。荀子之所以在這一點上作要求，是企圖以禮義作爲辯說的規範，避免讓人之辯說流於小人之辯。

「辯則盡故」則是指在辯說時，要全面闡明立論之理由或證據。「故」在此作證據或理由解。荀子以爲在辯說時，必須以充足而又客觀之證據來讓人心服口服，然而，僅提出證據和理由還不足以達到讓人心服口服之目的，還必須作全面的闡釋，方有可能。

6. 方　法

荀子在辯說時所運用之方法，有演繹法、歸納法以及類比法三種：

（1）演繹法

所謂的演繹法，是指由概括之前提推出個別的結論，或由普遍的原理推出特殊的事實。荀子對演繹法頗為重視，在其論說中常用此一方式，或是其中之連鎖論證。

（2）歸納法

所謂的歸納法，是由個別的事實推論出概括的結論或普遍的原理。雖然荀子在其辯說之中較常使用演繹法，但是對歸納法也相當重視。

（3）類比法

類比法則是以類似性作為推論的基礎，某一種已知事物的某種性質，而推知與之同類的另一事物也具有同樣的性質。換言之，便是以事物相似之特徵所進行之推論。此一推論方式為先秦思想家所廣為使用的一種辯說方式，而荀子也不例外。

此外，荀子還以三惑的觀念──「用實以亂名」、「用名以亂實」、「用名以亂名」，來批評其他學派在此一方面不同於荀子名學理論的主張：

（一）用實以亂名

荀子所謂的「用實以亂名」，是用個別或特殊的事實來混淆一般概念而形成的思想謬誤或詭辯，是由違反「所緣以同異」之原則而產生的謬誤。荀子以為「山淵平」、「情欲寡」、「芻豢不加甘，大鐘不加樂」等觀念為此種謬誤。

（二）用名以亂實

此一謬誤為以概念來混淆實際情況，是因為違反名約之原則而出現的。荀子以為「非而謁楹」、「有牛馬非馬也」為此種謬誤。

（三）用名以亂名

此一謬誤為用一概念混淆另一概念，是因為違反「所為有名」的原則而出現的。荀子以為「見侮不辱」、「聖人不愛己」、「殺盜非殺人」三項屬於這種謬誤。

Makeham 注意到荀子名學之目的在於使語詞概念在實際生活之運用能夠通行無阻，以便於政令的推行，然而，他在制名方面的論說則比較強調「約定俗成」在其間的作用，則顯示出 Makeham 自身忽略了荀子除了「約定俗成」之外，尚有其他的制名原則，使得他在這方面的認知顯得不夠全面；Goldin

注意到命名的依據所在，以及荀子名學的工具性色彩，但 Goldin 卻沒有針對此處作更進一步的說明，使得他的論說失之籠統；Hagen 在對之前其他學者的研究成果進行整理時，注意到荀子的名學理論除了與其「禮」的觀念有所關聯之外，也與他的天論有一定程度的聯繫關係，此外，還以爲制名雖然是統治者的責任，至於在其間所制定的論點，則是由身邊的官吏所提出的。Hagen 所提出的這兩個觀點在此之前並沒有多少人注意，這使得他的論點在此時的名學研究中，可說是難得的創見。

此一時期的荀子名學理論研究最顯明之特徵，在於根據之前在這方面的研究成果，繼續探討此一問題。而其中又以 Hagen 最爲用心。Hagen 在他兩篇討論荀子名學的論文中，開始省思之前的學者在這方面的研究成果，企圖對荀子的名學理論作更進一步的釐清，並對之前的研究成果提出自己的意見。其以名之制訂爲君主與專家之共同商討，以及荀子之名學應與其天論思想合併討論之觀點，爲此時荀子名學理論之創見，對此後在這方面的研究具有啓發的作用。

第三節　荀子研究述論（三）

六、道德論

Wong 氏指出，因爲荀子的道德修養方式是經由對於外界事物的正確認知，進而接受並修習屬於外在規範的「禮」，然而其過程也是相當漫長的，所以荀子對於其間的勤學不懈之態度頗爲重視，此外，荀子也強調「禮」和「樂」必須搭配運用，才能使「禮」完全發揮它正面的功效，所以，也必須注意「樂」在荀子的道德修養理論中所產生的作用。

Kline 以爲，在荀子的理論中，人之所以能夠接受「禮」對於自身欲望的約束，具有辨知與判斷能力的「心」是其中的重要因素，在「心」的認知與判斷之下，人會認識到「禮」的眞正價值，並接納它對自己的約束，然而學習「禮」以及經典的道德修養過程相當漫長，其間若有任何的鬆懈，都會使得既有的道德修養出現危機，而教授「禮」與經典的人及其所教授的方式，也會對修習「禮」以及經典的人在觀點上造成深遠的影響，所以荀子在相關的論說上，也相當注重這些問題，並以爲學習「禮」以及經典的人應該在一開始的時候，便要愼重的選擇，在選擇之後，則要無條件的去接納他的教授，Kline 以爲，由此也可以

看出，荀子的道德修養理論不但完整，而且，也相當的有系統。

Soles 認為荀子的道德修養理論是從外在的行為規範尋求理論依據，所以荀子以為人若要達到「善」的境界，就得要依循外在的、後天的規範，然後，在不斷的學習、運作下逐漸習慣，並由此漸進到「善」的境界之中，而荀子也因為如此，得出人性並沒有善的存在這樣的論點，雖然如此，人尚有能辨別事物的「心」存在，而人也因此還有接受外在的規範以達到「善」的可能。

艾文賀指出，荀子的道德修養是經由對於「禮」的學習與遵循，達到所謂的道德善，而促成人進行道德修養的動力，在於能辨知、能判斷的「心」，而人就可以藉由「心」得知道德修養的好處，並藉由全面的認知去理解、去接受，並逐漸將它化為思維與行動之準則。艾氏以為，荀子的道德修養方式與康德等人以理性對外界事物的思索的觀念相當近似，然而，荀子之所以如此做的原因，在於使人容易接受以「禮」為準的道德價值觀，而不是純粹的對外物的思索。

Kuppermann 以為荀子並不認為人性之中有「善」的存在，所以荀子以為人若要進行道德修養，則必須依靠具有辨知與判斷能力的「心」，及其所選擇的為聖王所制訂的「禮」，並認為對於「禮」的不斷學習與親身體驗、實踐，便是其道德修養的正確途徑，到了修養境界較高的時候，「禮」這個外在的制約便會融入人的價值觀之中，形成人日常生活中的部分，而人也會在不自覺的完全遵守「禮」的規範。

Hutton 認為，荀子在道德修養方面的理論雖然極力主張要建立一種制度，讓人類本有之欲望不會有毫無限制的擴張這種情況出現，然而他並沒有因此提出消滅人本有欲望的論說，而是認為在整個道德修養的過程中，應該讓人本有之欲望及其所表現出之情感獲得一定程度的滿足與抒發。換言之，在荀子的觀念中，是要讓人之情感與欲望和規範之間取得平衡，使人在道德制約中仍然保有有限度的情感自由，而不至於有過於壓抑自己的情況出現。此外，Hutton 還指出，荀子對於「道德推理」的運用傾向於行為上的規範，以及對整體環境和群體利益的顧慮，與亞里斯多德傾向於個人在面臨價值抉擇上的運用的觀念不同。

Stalnaker 指出，在荀子之道德修養論中，「學」與「禮」是其中比較重要的論點，而荀子在「學」方面的理論有較為系統化的論說，諸如，學的對象、學的進程以及學之態度均有提及，並以為是人的道德修養過程中不可或缺的

環節。至於「禮」，荀子則將之視為節制人的欲望以及進行道德修養的重要依據，並以為必須與「樂」配合運用，方能使「禮」的正面作用完全顯現出來。

荀子在道德論方面的觀點，簡單的說，就是設法讓人在道德觀念上接納並遵守「禮」的約制。根據前述，荀子先在人性論、心論、天論以及禮論等思想範疇之理論中論證出人無法僅依靠對其天賦之素樸本性的開發，便可以實現所謂的善，而天也無法提供道德上的價值依據，唯有心可以藉由感官對外界事物的認識，而對事物的價值與意義有正確的評判，然後促使人們選擇並完全遵守聖王所制定的行為規範——也就是所謂的「禮」，在經由全面的認知、接納與身體力行下，使之完全融入人的生活習慣之中，才有達到「善」的可能。而荀子之所以認為人可以經由對於「禮」的接納與身體力行而達到所謂的「善」，原因在於荀子認為聖王在制定禮的時候，已經將所有有關人的問題諸如感情、欲望、觀念等等完全納入考量的範圍，並根據歷史的經驗，策劃出相應而且適當的規範。所以對於禮的身體力行，讓人能夠在各種場合上適度表達自身的感情、欲望與觀念，便是達到所謂的「善」，同時也是對仁、義、信、孝等所有道德觀念的實踐。

然而在接納禮，並予以身體力行之前，必須先了解禮，以及相配套的其他觀念。荀子在這方面提出「學」的觀念，以為要了解禮以及相配套的其他觀念，首先必須找到在這方面學有專精，在品德方面也是極佳的良師，然後在其門下誦習各種聖人所編定的經典，以及各種禮儀，每日不斷的認真研習、身體力行，並將之貫徹在自身的言行舉止上，直到將禮以及相配套的觀念在論說上達到完全的融會貫通，並將其完全融入自身的思維與行為為止。

Wong 氏在這方面的論說主要在於論證道德修養的動力來源，並據此以聯繫荀子在其他思想範疇的理論，雖然 Wong 氏注意到荀子的道德論與其他思想範疇之間的聯繫關係，卻忽略了荀子如何將之實踐的說法，此一缺陷，也讓他的論說不夠周全；Kline 指出荀子之道德修養的動力來源在於心，並以為對禮的實踐是其達到「道」的境界的唯一途徑，這種論點大致掌握住荀子在道德論這方面的理論脈絡，對於這方面的理論的論述也頗為全面，但卻忽略了荀子的天論與名學在其中的作用，是其美中不足之處；Soles 在這方面的討論則偏重於道德修養的可能性，而在與其他思想範疇之間的聯繫關係方面的討論，則略嫌不足；艾文賀也從「心」、「性」、「禮」等思想範疇來討論荀子的道德論，雖然艾氏的論點掌握住荀子道德論的主體觀念，但也忽略了其他思

想範疇對荀子道德論的影響，使其論說不夠全面；Hutton 不但指出荀子以禮為主的道德修養觀念是尋求情欲與規範的平衡，而且還觀察出荀子自身在「道德推理」的運用偏向個體與社會團體之間的互動關係，顯示出 Hutton 已經注意到荀子道德論本身的特點，然而在對荀子道德論的整體論述方面，則似嫌籠統；至於 Stalnaker 則專注於荀子道德論中的實踐部分，並對這方面有完整的敘述，但他在理論基礎方面的討論則只注意到荀子的人性論，對其他的思想範疇的關注則似嫌過少。

因為這一時期盛行對倫理學的研究關係，這個時期的荀子研究大多數都會討論到荀子在道德論方面的相關理論，並且對荀子的道德論做較為深入的探討，甚至將荀子的論點拿來與西方的思想家如亞里斯多德、奧古斯丁以及康德等人在倫理學方面的學說進行比較，企圖從他們自身在倫理學方面的既有學說，來理解荀子的道德修養理論。這種研究方式固然有助於深入理解荀子在道德論方面的論說，但是這麼一來，也使得這時期的荀子研究出現了只抓重點，忽略其他的毛病。也就是說，由於研究者專注於對荀子道德論本身的研究，使得他們過於強調道德論在荀子學說中的地位，而忽略道德論僅是荀子學說的一部分此一事實，也忘記了荀子的道德論與荀子其他思想有一定程度的關係，讓他們除了在這方面的論說顯得不夠周延之外，也排擠了對《荀子》文本內容的其他研究，使得這個時期的荀子研究仍有不夠全面之憾。

此外，也因為此時偏重於道德論的研究關係，使得此時的荀子研究仍以一般所認定的重點篇章為研究範圍，而不容易觀察出 *Xunzi* 在學者們的研究與引證之中，是否完全發揮出它全譯本的優勢。

七、其 他

Geaney 認為藉由視、行與聞、言這兩組收發的概念，可以觀察出政教措施對於人民的影響，以及人自身的觀念，所以在探討思想家的道德與政治思想的時候，他們在這些觀念上的陳述也是值得觀察的地方，而從對這些觀念的觀察中，也可以探查出荀子思想的某些特徵。

孟旦則以為雖然荀子在發展或推演其在名學以及其他範疇上的論說時，可能吸收了墨家的一些觀點，但這並不表示在整體的觀點上，荀子就不會反對墨家的理論，相反的，由於墨家在社會治理上提出了「非樂」、「節用」、「節葬」等與荀子以禮治國相反的觀念，所以，荀子對墨家的這些學說的批評次

數也就特別多，此外，荀子也在「情」與「欲」的處理方面反對部分墨家支派在這方面採取完全壓制「情」與「欲」的主張，而以爲應該以禮樂來調節「情」與「欲」在日常生活上的展現，使之合乎所謂的道德規範。

Twohey 以爲荀子繼承了孔子思想中關於「禮」的部分，並以此爲其論說的中心，而與其他學派進行論辯，此外，儘管荀子的思想有一些主張被認爲是與「正統」儒學不相契合，但也不能因此否認他在思想上仍歸屬於儒家，在政治思想上也主張「王道」、「人治」的事實。

Goldin 將郭店竹簡的內容與荀子一派的學說進行比對之後，以爲除了在「天」的觀念上有較爲明顯的差異之外，兩者的觀念相當近似，Goldin 以爲，這也顯示出先秦儒家在孔子之後主要的思想發展方向比較趨向荀子這一派。

柯雄文以爲荀子「羞恥」的觀念源自於孔子，與孟子的「羞惡之心」的觀念頗有相近之處，都以是否能符合「義」的道德觀念作爲「榮」與「辱」這兩個概念的基本辨別標準，但與孟子相比，荀子更加強調對外界事物的全面性的認知在道德觀念的認定，以及在行動上的判斷等方面的參考價值，並以爲是否能做到這一點作爲所謂的「榮」與「辱」的標準，也就是說，荀子在「羞恥」這方面的觀念從一開始就比較傾向行動價值上的認定，雖然，也考量到「羞恥」在情緒上的表現，但是，他更重視「羞恥」在實際上的道德觀念的意義。

在《荀子》的文本之中，除了對前述幾個思想範疇的學說的論述之外，還有嚴格來說不能完全歸屬於這些思想範疇的文字，雖然說這些文字不能歸屬於上述的幾個思想範疇之中，然而從它們之中也可以觀察出上述幾個思想範疇的論述中所未曾呈現的訊息，而我們在對這些文字的研究之中，也可以看到荀子學說中的不同面貌。

此外，不僅只有《荀子》以及其他現今仍在流傳的古代文獻，出土文物也有助於探討荀子學說在先秦思想史上的意義，經由對出土文物以及其他現今仍在流傳的古代文獻的比較研究，更可以進一步的了解先秦各個不同的思想學派之間的互動關係。

Geaney 藉由對荀子在感官方面的相關論述的探討，指出感官在荀子的學說中有一定的影響力，並且從相關的論述中也可以探查出荀子學說的某些特點。Geaney 這種研究方式倒是點出一般研究荀子心論者將感官方面的論述草草帶過的缺陷，在觀點方面也頗具新意，然而在她自己的論說之中，卻有不少地方略嫌模糊籠統，未免可惜；孟旦從對墨家學說的批判來思索荀子在禮論以及人

性論方面的立場與主張，也指出此一時期一般對於荀子的禮論與人性論所略過的地方，可以補充此一時期對於荀子禮論與人性論之研究的不足之處；Twohey 則從思想史的角度討論荀子的學說與立場，以為荀子的思想學說雖然與一般所認為的正統儒家有衝突之處，仍然可以歸屬於儒家，並為之辯解，然而其論說仍偏重於荀子學說與儒家觀點之異，如果能在荀子與儒家之同，以及荀子對儒家經學傳承的貢獻等方面多加著墨，會更有說服力；Goldin 從出土文物的內容論證先秦儒家學說的發展方向較接近荀子，除了在打破一般以孟子為孔子之後的儒學主流此一籠統觀念再添有力證據之外，也將出土文物與今傳文獻綜合探討的研究方式引入美國的荀子研究；柯雄文從對亞里斯多德與荀子在「羞恥」觀念的比較，觀察出荀子以理性判斷作為其道德判斷的根據，對於荀子之道德觀念可稱之為「道德推理」的說法再添一論據。

　　此一時期在其他方面的研究不但多少彌補了因為偏重於道德論的研討而出現的缺陷，也呈現出荀子學說的不同面貌，更該注意的是將出土文物與今傳文獻綜合探討此一研究方式的引入，將補足之前僅限於文本內容上的探討的不足，然而因為受限於考古文物本身的種種限制，此一研究方式在短時間內恐怕難以在荀子研究這方面拓展開來。

　　在翻譯方面，此時出現之譯作僅有 Eric Hutton 在《中國古典哲學讀本》（以下簡稱 *Readings*）一書中對於《荀子》內容之摘譯。〔註 1〕

　　在 Knoblock 的 *Xunzi* 出版之後，美國的荀子學研究便逐漸以 Knoblock 的全譯本作為研究荀子學說的重要參考依據，但這並不代表《荀子》英譯的工作到此為止，相對的，也因為 Knoblock 的譯文仍有部分可以商榷的地方，使得《荀子》英譯的工作仍然有更上一層樓的空間。Hutton 在 *Readings* 一書中對於《荀子》的英譯，則是在 Knoblock 之後，對這方面的工作進一步的嘗試。

　　Hutton 在 *Readings* 中對於《荀子》篇章的英譯，收於該書的第六章，是以「意譯」的方式處理譯文，並且以「選譯」與「節譯」並用的方式，選取並節錄了〈勸學〉、〈修身〉、〈非相〉、〈王制〉、〈天論〉、〈樂論〉、〈解蔽〉、〈正名〉以及〈性惡〉等九篇中的部分段落，並在譯文之中加上部分注釋，以簡略說明其相關知識。而 Hutton 也在譯文之前加上一篇前言，簡單的介紹荀子

〔註 1〕　見 Eric Hutton trans., "Chapter Six: Xunzi", in Philip J. Ivanhoe and Bryan W. Van Norden eds., *Readings in Classical Chinese Philosophy*（New York: Seven Bridges Press, 2001）, pp. 247-294.

所處的時空背景及其學說思想，並指出荀子學說的價值，雖然因為與為後來理學家所遵奉的孟子在人性論上有著對立的主張，而遭到長期的忽略，卻也因為隨著其價值為後人所發現，而逐漸取得應有的重視。

　　Hutton 在〈勸學〉中則選譯了「君子曰：學不可以已。……教使之然也。」「登高而招，……善假於物也。」「積土成山，……無惛惛之事者無赫赫之功。」「學惡乎始？……散儒也。」以及「百發失一，……君子貴其全也。」於〈修身〉中，則選譯了「見善，……雖達四方，人莫不棄。」「好法而行，……此之謂也。」「君子之求利也略，……此言君子之能以公義勝私欲也。」於〈非相〉，則選譯了「人之所以為人者，……以微知明。此之謂也。」於〈王制〉中，則選譯了「水火有氣而無生，……故曰：一與一是為人者謂之聖人。」於〈天論〉中，則選譯了「天行有常，……官人守天而自為守道也。」「星隊、木鳴，…………夫是之謂人袄。袄是生於亂。」「雩而雨，……以為神則凶也。」「大天而思之，……此之謂也。」在〈禮論〉則選譯了「禮起於何也？……是禮之三本也。」「凡禮，始乎稅，……《詩》曰：『懷柔百神，及河喬嶽。』此之謂也。」「凡生乎天地之間者，……則舍之矣。」於〈樂論〉則選譯「夫樂者，……足以治萬變。是先王立樂之術也，而墨子非之，奈何？」於〈解蔽〉則選譯「凡人之患，……則不足以決庶理矣。」「空石之中有人焉，……此治心之道也。」於〈正名〉則選譯「後王之成名，……此所為有名也。」「名無固宜，……百家無所竄。」「凡語治而待去欲者，……小家珍說之所願皆衰矣。」於〈性惡〉則選譯「人之性惡，……目明而耳聰，不可學明矣。」「問者曰：『人之性惡，則禮義惡生？』……唯賢者為不然。」

　　從其所選譯的段落之中可以發現，Hutton 所選譯的段落，有很多是荀子於各個理論範疇論說之中心思想，或是較為適宜的詮釋。筆者以為讀本之作用，在於使讀者可以很容易接觸並理解文本的核心，而 Hutton 在這裡所使用的方式，也符合讀本的這一項要求，且 Hutton 之所以能夠做到這一點，除了他本人對於荀子的思想有較為清晰且深入的了解之外，也顯示出他對於之前的二十世紀之美國荀子研究所積累的研究成果，也開始有所統合，並整理出其中的重點。從這一點來看，也可以觀察出在 2000 年前後的美國荀子研究，也湧起了一股整理並檢討之前的研究成果的風潮。

第六章　結　論

第一節　對美國荀子研究的回顧

一、早期（1927～1993）的美國荀子研究

　　美國的荀子研究始於 1920 年代末期德氏在 *Hsüntze* 與 *The Works* 這兩部著作中對《荀子》一書的介紹與翻譯，平心而論，德氏的這兩部著作對於《荀子》之介紹與翻譯雖然有其缺陷，但還是將《荀子》一書中比較重要的學說與內容，以較為正確的陳述方式展現在英語系的學者面前，讓他們在對《荀子》的內容進行研究時，有著大致可信的參考依據。

　　不過，以這兩部著作為參考，並不代表後來的學者不會對其中的內容與論點提出質疑或是不同的觀點。在二次大戰結束後的 50 年代，劉殿爵便針對荀子的人性論，提出與德氏以及在這之前的傳統看法不同的見解，孟旦也在稍後提出與劉氏類似的想法，並指出荀子的「性惡」並非如傳統所認為的一樣，在荀子的學說中佔著極為重要的地位。除此之外，從梅貽寶、Watson 以及陳榮捷等人均對〈正名〉一篇進行英譯的動作，以及陳榮捷在《中國哲學資料書》中所云正名理論為荀子學說的重點之一，可以看出荀子的名學理論也開始為當時的學者所注意，並試圖給予其應有的地位。然而，這些研究成果的出現並不是因為這一時期美國的荀子研究進入盛況的緣故，相反的，在這個時候，《荀子》在美國學界裡仍未得到應有的重視，而且在這一時期所進行的研究大多僅止於針對個別範疇的探討，缺乏如同德氏在 *Hsüntze* 中較為全

面性的論述。

在 70 年代以後美國荀子研究的興盛，不但證明了荀子思想在此時獲得了美國學界的正式認同，而大量的研究也促使研究者們開始從非傳統的角度與思維來探討荀子的學說，如在 70 以及 80 年代於荀子研究方面最爲活躍的華裔學者柯雄文，便嘗試從倫理學以及其他角度來探討荀子於各個思想範疇中的理論，而 Eno 和 Machle 等學者也試圖從「天」的角度理解荀子的學說，他們在這方面的努力，也影響到此後對於荀子學說的理解。此外，此一時期對於《荀子》的大量研究，也在學術環境上促成了第一部《荀子》英文全譯本──*Xunzi*──的問世。此一譯著的出現，不但讓後來的研究者們能夠擺脫選譯本在研究參考上的侷限，進而對《荀子》的內容有更爲全面與深入的理解之外，並且在某種程度上總結了這一時期的研究成果。

二、近十年（1994～2003）的美國荀子研究

至於在 1994 年以後的美國荀子研究，根據前述之內容予以整理，則可以發現，這一時期的美國荀子研究之特點有三：

（一）討論之內容偏重於荀子的道德修養理論

在這一時期的美國荀子研究雖然傾向於多元化、整合化，然而因爲當時普遍重視倫理學之相關議題的關係，使得學者不論討論到荀子學說中任何思想範疇，大多都會在最後回到對荀子之道德修養理論的議論上面，或者將荀子在道德論方面的論說與他們所熟知的思想家如亞里斯多德、奧古斯丁、康德等在此一方面的理論予以比較，更有甚者，乃將之與當代之倫理學觀念進行比較。

這種研究方式的頻繁出現，顯示出美國學者試圖藉由比較哲學的方式，經由對幾個與荀子觀點相近的歐洲思想家與荀子之間的比較，讓人們更容易瞭解荀子的道德修養理論。然而，這種以倫理學理論的探討爲訴求的研究方式，也讓研究者過於偏重對荀子重點理論上的理解，及其在倫理學理論中所扮演的角色和運用方式，而讓人們容易忽略荀子學說中所反映的其他訊息，以及其他的外圍問題，造成他們對於荀子的了解不夠全面的弊病。

（二）回顧二十世紀的研究成果

因爲處於世紀交接的關係，在此一時期中，回顧與展望成爲普遍的風氣，而部分學者也受到這種風氣的影響，開始在這方面對之前的研究成果作回顧與

整理的工作，其中較爲顯著的，就是《荀子的德性、自然與道德作用》〔註1〕
這本論文集的出版。而其他的學者，如 Hagen 等，也在其論著中對之前的學者
在某一思想範疇中的研究成果進行整體的評估。從中也可以看出研究者在此時
有意識的在荀子研究方面進行回顧與展望的工作。

　　也因爲如此，他們所探討的對象就不會僅限於美國本土的論著，而是會
擴大到歐洲學者的相關著作，部分學者就曾經在其論著中提到英國漢學家葛
瑞漢在其中國思想史著作《論道者》中的相關論點，並且予以探討，因此，
也不排除葛氏的觀點對這個時期的美國荀子研究造成影響。

（三）開始將考古文物納入研究的依據

　　此一時期之荀子研究的特點之一，在於這一時期開始有人將考古文獻納
入荀子研究的資料之中。這種將考古文獻用於先秦思想研究的研究方式，在
學術界中已經不算是新奇的事情，然而將其運用在荀子研究上面，卻是直到
此時才出現。雖然在這個時期裡，作過這種研究工作的學者只有 Goldin 一人，
但是，相信此後出土文物的漸趨增加，這類研究方式將會逐漸成爲此後荀子
研究的重要研究方式之一。

　　從上面的敘述可以得知，在這一時期的美國荀子研究雖然對各個思想範
疇以及其他相關問題大多都有所探討，然而，在這個時期的學者們最感興趣
的，還是與倫理學相關的道德修養理論。雖然對道德修養理論的探討的確能
貼近荀子以「禮」爲中心的思想學說的核心，然而僅探討其核心或是最終訴
求，究竟不是了解荀子學說全貌的唯一方式，也應該注意荀子學說的「所以
然」，也就是從其他文物與文獻中所呈現出的當時之環境，以及荀子在其論說
之中所透露出的訊息，來思索荀子之所以提出他的見解，以及他在各個思想
範疇之中所提出的看法，然後，再將這些東西予以整合，如此一來，才能更
全面的了解荀子的學說。

　　也就是說，此時的荀子研究雖然對大多數的相關問題均有所探討，然而
學者卻因爲集中於探討荀子的道德修養理論，以及其思想中的最終訴求等與

〔註1〕即 Thoenton C. Kline III and Philip J. Ivanhoe eds., *Virtue, nature, and moral
　　　agency in Xunzi.*（Indianapolis: Hackett Publishing Company, 2000）。嚴格來說，
　　　這本論文集應屬於紀念論文集，然而就所選入的論文來看，也可以當作是對
　　　二十世紀美國荀子研究的名著選讀，也就是說，這本論文集可以當作是對二
　　　十世紀美國荀子研究的成果總整理。

倫理學關係較為密切的議題，而對其他方面如思想史上之定位，以及與其他學派之聯繫等問題缺乏適度的關切。而此後之美國荀子研究，雖然不能完全放棄對荀子思想之核心的持續探究，但也更應該深思荀子思想的「所以然」的問題。

而在這個時期所獨有的，便是以新出土的簡牘文物的內容來辨明荀子學說的源流與地位。在〈郭店出土文書中的荀子〉這篇論文中，Goldin 將 1993 年出土的郭店楚簡之中屬於儒家的思想文獻的部分與荀子的學說進行比較，Goldin 發現，荀子的觀點除了在天論方面與當時一般的儒家觀念有較為明顯的差距之外，其他如人性論等，均與這些被認為是荀子之前的儒家學者的著作之觀點極為相似，並因此得出荀子的思想實為儒家歷經整個戰國時期的思索而出現的產物此一論點，對於後人以他們自己的想法，認為孟子從當時便為儒家思想主流的觀點提出了不同的意見。

姑且不論該論點對此後的荀子研究會造成何種影響，藉由考古文物所顯示出來的訊息，來釐清先秦諸子之一的荀子在當時思想史上的地位，的確是以前只能憑藉傳世文獻來考訂的方式之外，又另闢了一條蹊徑，而且，也可以稍稍彌補傳世文獻在這方面的侷限。然而，考古活動所依憑的機運以及文獻保存工作的費時，顯然也大大的限制了這種研究方式在荀子研究上的運用。

雖然考古文物在這個時期成為美國荀子研究最新的參考資料，但是運用現存古籍進行文獻考證這種傳統的研究方式，在這一時期依然持續。如 Stanalker 在〈荀子與早期道家思想之關聯〉一文中，便運用文獻考證之成果，將已經證明為稷下學派的集體著作《管子》中有關「心」這方面的理論拿來與莊子、荀子進行比對，並依據史籍中的相關記載，認為荀子在「心」這方面的理論是經由稷下學派而與莊子一派的論點有一貫之聯繫，進而釐清莊子與荀子之間於學說上的承傳關係。

此外，由於這個時期的研究目的較為單純，也使得這個時期對於荀子學說中的各個範疇在其理論之地位與作用也有較為深入的認識與釐清，並對於「心」、「性」、「禮」三者在荀子的道德修養理論中的定位與互動有了較為正確的認知，進而將荀子以「禮」為主之道德修養論視為一種有明確規範的供需體系。

而在這世紀之交的荀子研究，美國漢學家也在這方面以論文集的方式對二十世紀的荀子研究成果做了回顧，從其書名——《荀子的德性、自然與道

德作用》——便可以得知，此時的美國漢學家在這方面的研究已經摸索出一個事實：不論是人性論也好、名論也好、天論也好、以「禮」爲主軸的道德觀與政治論也好，儒家，當然也包括了荀子在內，其學說都是以所謂的倫理學作爲其中心的觀念，而他們在吸納、批判其他學派的論說上面等等的做法，也都是爲了能使其在倫理學方面的觀點能夠更加充足、完善而做出的努力。也就是說，在這一時期的漢學家在歷經數十年的累積經驗之後，也體認出荀子以「禮」爲主的道德修養觀念雖然與其他儒家學者的觀點有所不同，但同樣都可以視之爲他們在倫理學這個範疇所做出來的努力。

第二節　美國荀子研究的未來展望

　　若依照目前的研究主題與方向來推測，研究主題以及參考資料爲未來的美國荀子研究最值得注意的地方。

一、研究主題

　　在這一方面，美國的荀子研究此後仍然會從倫理學這個角度來探討荀子的道德修養理論，然而，在已經釐清道德修養之動力與規範，以及開始與西方思想家之論說相近者進行比較的情況下，未來的美國荀子研究可能會發展出兩者在理論體系的建構，以及出現原因的比較，且更深入的思索荀子之所以發展出以「禮」爲主，又完全以人之能力思考其道德修養理論的原因，而重新思索荀子的學說在中國思想史上的地位。

　　然而，前面也提到，這一時期的研究因爲過於偏重倫理學與荀子道德論之研究，而壓縮了對於荀子學說的其他部分以及《荀子》文本中的其他問題之研究空間，也讓 *Xunzi* 一書雖然爲這個時期的學者們所採用，卻也無從完全發揮其全譯本的功能與優勢，日後美國的研究者們在探討荀子的道德論以及相關理論的同時，也應該致力於矯正此一偏頗之現象，多去探索荀子的主要思想以外的問題，俾使荀子研究能夠更爲全面、更爲多元化。

二、參考資料

　　在這一方面，以往的美國荀子研究向來以《荀子》以及其他中國先秦典籍的譯本作爲主要參考資料的來源，而這些譯本相信也是此後美國的荀子研

究的必備之物，然而在此一時期裡，Goldin 採用了出土未久的考古文獻——郭店竹簡——作爲其研究的另一種參考資料，Goldin 此一作爲在美國的荀子研究中，實爲創舉，而未來之研究者或許也會因爲 Goldin 探討荀子學說與郭店楚簡的內容之間的關係的啓發，而以出土文物中所顯示的資訊，去釐清荀子的學說與其他思想學派之間的聯繫關係，或者是對《荀子》一書的內容文字重新檢討，以探討現今仍然傳世的《荀子》一書與在秦火和劉向的重編之前的原貌之間，在內容和思想上存在著多大的差異等問題，不過，這種研究方式受限於考古活動的種種限制，在短時間內恐怕不容易有較大的進展。

參考書目

一、中文部分（依姓氏筆劃排序）

1. 《孟子》（十三經注疏本，台北：藝文印書館，1997 年）。

2. 〔清〕王先謙：《荀子集解》（北京：中華書局，1997 年）。

3. 王啓發：《禮學思想體系探源》（鄭州：中州古籍出版社，2005 年）。

4. 王靈康：〈英語世界的荀子研究〉，《國立政治大學哲學學報》第十一期（2003 年 12 月），頁 1-38。

5. 李哲賢：《荀子之核心思想——「禮義之統」及其現代意義》（台北：文津出版社，1994 年）。

6. 李哲賢：《荀子之名學析論》（台北：文津出版社，2004 年）。

7. 徐復觀：《中國人性論史　先秦篇》（台北：臺灣商務印書館，1999 年）。

8. 馬積高：《荀學源流》（上海：上海古籍出版社，2000 年）。

9. 〔清〕孫詒讓：《墨子閒詁》（北京：中華書局，2001 年）。

10. 陳大齊：《荀子學說》（台北：中國文化大學出版社，1989 年）。

11. 陳澧：《東塾讀書記》（台北：臺灣商務印書館，1997 年）。

12. 張立文主編：《中國哲學範疇精粹叢書（一）—「心」》（台北：七略出版社，1996 年）。

13. 張立文主編：《中國哲學範疇精粹叢書（二）—「性」》（台北：七略出版社，1997 年）。

14. 張立文主編：《中國哲學範疇精粹叢書（三）—「天」》（台北：七略出版社，1996 年）。

15. 張西平：《中國與歐洲早期宗教和哲學交流史》（北京：東方出版社，2001 年）。

16. 陸玉林：《中國學術通史》（先秦卷）（北京：人民出版社，2004 年）。

17. 〔清〕郭慶藩：《莊子集釋》（台北：貫雅文化，1991 年）。

18. 黎翔鳳：《管子校注》（北京：中華書局，2004 年）。

19. 蔡仁厚：《孔孟荀哲學》（台北：臺灣學生書局，1999 年）。

20. 劉豐：《先秦禮學思想與社會的整合》（北京：中國人民大學出版社，2003 年）。

21. 韓德民：《荀子與儒家的社會理想》（濟南：齊魯書社，2001 年）。

22. 蔣堅松：〈文本與文化——評諾布諾克英譯本《荀子》〉，《外語與外語教學》1999 年第 1 期，頁 40-44。

二、英文部分（依姓氏開頭字母排序）

1. Ahern, Dennis M., "An Equivocation in Confucian Philosophy", *Journal of Chinese Philosophy* 7 (1980), pp.175-185.

2. Allinson, Robert E., "The Debate Between Mencius and Hsün-tzu: Contemporary Application", *Journal of Chinese Philosophy* 25.1 (1998), pp. 31-50.

3. Bayerleova, Ema, "A New Introduction to the Thinking of Hsün-tzu", *Archiv Orientalni* 46 (1978) pp.174-179

4. Berkson, Mark, "Death in Xunzi", *Death and the Self in Ancient China Thought: A Comparative Perspective*, Ph. D. dissertation (Stanford University, 1999), pp. 103-195.

5. Bodde, Derk, "Hsün-tzu", *Encyclopaedia Britannica* 11 (1960), pp. 854-855.

6. Campany, Robert F., "Xunzi and Durkheim as Theorists of Ritual Practice", in: Frank E. Reynolds and David Tracy eds., *Discourse and Practice* (Albany: State University of New York Press, 1992), pp. 197-231.

7. Chan, Wing-tsit, "Naturalistic Confucianism: Hsün Tzu", *A Source Book in Chinese Philosophy* (Princeton: Princeton University Press, 1963), pp. 115-135.

8. Chan, Keung-lap, "Confucian Politics and Christian Politics: A Comparison Between Xun Zi and Augustine", in: Beatrice Leung and John D. Young eds., *Christianity in China: Foundations for Dialogue* (Hong Kong: Center of Asian Studies, University of Hong Kong, 1993), pp. 155-178.

9. Chang, Pei, "Exploring Hsun K'uang's Logical Thought", *Chinese Studies in Philosophy* 10.3 (1979), pp. 28-40. 〔from the Chinese〕

10. Cheng, Andrew Chih-yi, "Hsün Tzu's Theory of Human Nature and Its Influence on Chinese Thought", Ph.D. dissertation (Columbia University, 1928).

11. Cheung, Leo K. C. "The Way of the *Xunzi*", *Journal of Chinese Philosophy* 28.3 (2001), pp. 301-320.

12. Chung, Bungkil, "Feature Review: A. S. Cua, *Ethical Argumentation: A Study*

in Hsün Tzu's Moral Epistemology", Journal of Chinese Philosophy 13.4 (1986), pp. 459-470.

13. Cook, Scott B. "Xunzi", *Unity and Diversity in the Musical Thought of Warring States China*, Ph.D. dissertation (the University of Michigan, 1995), pp. 372-456.

14. Cook, Scott B., "Xun Zi on Ritual and Music", *Monumenta Seria* 45 (1997), pp.1-38.

15. Creel, Herrlee G., "Confucius and Hsün-tzu", *Journal of the American Oriental Society* 51 (1931), pp. 23-32.

16. Creel, Herrlee G., *Confucius, the man and the myth* (Westport: Greenwood Press, 1949).

17. Creel, Herrlee G., "Chapter Seven: The Authoritarianism of Hsün Tzu", *Chinese Thought: From Confucius to Mao Tse-tung* (Chicago: University of Chicago Press, 1953), pp. 115-134.

18. Cua, Antonio S., "The Conceptual Aspect of Hsün Tzu's Philosophy of Human Nature", *Philosophy East & West* 27.4 (1977), pp. 373-389.

19. Cua, Antonio S., "The Quasi-Empirical Aspect of Hsün Tzu's Philosophy of Human Nature", *Philosophy East & West* 28.1 (1978), pp. 3-19.

20. Cua, Antonio S., "Dimensions of Li (Propriety): Reflections on an aspect of Hsün Tzu's Ethics", *Philosophy East & West* 29.4 (1979), pp. 373-394.

21. Cua, Antonio S., "Hsun Tzu's Theory of Argumentation: A Reconstruction", *Review of Metaphysics* 36 (1983), pp. 867-894.

22. Cua, Antonio S., *Ethical Argumentation: A Study in Hsün Tzu's Moral Epistemology* (Honolulu, Hawaii: University of Hawaii Press, 1985).

23. Cua, Antonio S., "Ethical Uses of the Past in Early Confucianism: The Case of Hsün Tzu", *Philosophy East & West* 35.2 (1985), pp. 133-156. Rp in: Thornton C. Kline III and Philip J. Ivanhoe eds., *Virtue, nature, and moral agency in the Xunzi*, pp. 39-68.

24. Cua, Antonio S., "Hsün Tzu and the Unity of Virtues", *Journal of Chinese Philosophy* 14.4 (1987), pp. 381-400.

25. Cua, Antonio S., "The Problem of Conceptual Unity in Hsün Tzu and Li Kou's Solution", *Philosophy East & West* 39 (1989), pp. 115-134.

26. Cua, Antonio S., "Review of *Xunzi: A Translation and Study of the Complete Works*, vol. 1, books 1-6, John Knoblock", *Philosophy East & West* 41.2 (1991), pp. 215-227.

27. Cua, Antonio S., "Hsün Tzu", in: Lawrence C. Becker and Charlotte B. Becker eds., *Encyclopedia of Ethics* vol. 3 (New York: Garland Publishing Company, 1992), pp. 556-558.

28. Cua, Antonio S., "The Possibility of Ethical Knowledge: Reflections on a Theme in the *Hsün Tzu*", in: Hans Lenk and Gregor S. Paul eds., *Epistemological Issues in Classical Chinese Philosophy* (Albany: State

University of New York Press, 1993), pp. 159-180.

29. Cua, Antonio S., "The Ethical and the Religious Dimensions of *Li* (Rites) ", *The Review of Metaphysics* 55 (2002), pp. 471-519.

30. Cua, Antonio S., "The Ethical Significance of Shame: Insights of Aristotle and Xunzi", *Philosophy East & West* 53.2 (2003), pp. 147-202.

31. Dubs, Homer H., *Hsüntze, the Moulder of Ancient Confucianism* (London: Arthur Probsthain, 1927).

32. Dubs, Homer H., *The Works of Hsün Tze* (London: Arthur Probsthain, 1928).

33. Dubs, Homer H., "'Nature' in the Teaching of Confucius", *Journal of the American Oriental Society* 50 (1930), pp. 233-237.

34. Dubs, Homer H., "Mencius and Sun-dz on Human Nature", *Philosophy East & West* 6 (1956), pp. 213-222.

35. Duyvendak, Jan J. L., "Hsün-tzu on the Rectification of Names", *T'oung Pao* 23 (1924), pp. 221-254.

36. Duyvendak, Jan J. L., "The Chronology of Hsün-tzu", *T'oung Pao* 26 (1929), pp. 73-95.

37. Duyvendak, Jan J. L., "Notes on Dubs' Translation of Hsün Tzu", *T'oung Pao* 29 (1932), pp. 1-42.

38. Edkins, Joseph, "Siün King, the philosopher, and his relations with contemporary schools of thought", *Journal of the China Branch of the Royal Asiantic Society* 33 (1899-1900), pp. 46-55.

39. Eno, Robert, "Ritual as a Natural Art: The Role of T'ien in the *Hsün Tzu*", *The Confucian Creation of Heaven: Philosophy and the Defense of Ritual Mastery* (Albany: State University of New York Press, 1990), pp. 131-170.

40. Fehl, Noah E., *Li: Rites and Propriety in Literature and Life － A Perspective for a Cultural History of Ancient China* (Hong Kong: Chinese University of Hong Kong, 1971).

41. Fung, Yu-lan, "Hsün Tzu and His School of Confucianism", *A History of Chinese Philosophy: Volume I-The Period of the Philosophers*, Derk Bodde, trans. (Princeton, N. J.: Princeton University Press, 1952), pp. 279-311.

42. Geaney, Jane, "Xunzi: Eye/Action and Ear/Speech", *Language and Sense Discrimination in Ancient China*, Ph.D. dissertation (University of Chicago, 1996), pp. 103-143.

43. Gier, Nicholas F., "Xunzi and the Confucian Answer to Titanism", *Journal of Chinese Philosophy* 22.2 (1995), pp. 129-151.

44. Goldin, Paul R., "The Philosophy of Xunzi", Ph.D. dissertation (Harvard University, 1996). Rev. version as "Rituals of the Way: The Philosophy of Xunzi" (Chicago: Carus Publishing Company, 1999).

45. Goldin, Paul R., "Xunzi in the Light of the Guodian Manuscripts", *Early China* 25 (2000), pp. 113-146.

46. Goldin, Paul R., "Xunzi's Piety", in Tu, Weiming and Tucker, Mary Evelyn eds, *Confucian Spirituality* vol. 1 (New York: The Crossroad Publishing Company, 2003), pp. 287-303.

47. Graham, Angus C., "Hsün-tzu's Confucianism: Morality as Man's Invention to Control His Nature", *Disputers of the Tao: Philosophical Argument in Ancient China* (La Salle, Ill.: Open Court, 1989), pp. 235-266.

48. Hagen, Kurtis, "A Critical Review of Ivanhoe on Xunzi", *Journal of Chinese Philosophy* 27.3 (2000), pp. 361-373.

49. Hansen, Chad, *Language and Logic in Ancient China* (Ann Arbor: University of Michigan Press, 1983).

50. Hansen, Chad, "Xunzi: Pragmatic Confucianism", *A Daoist Theory of Chinese Thought: A Philosophical Interpretation* (New York: Oxford University Press, 1992), pp. 307-334.

51. Hsieh, Shan-yüan, "Hsün Tzu's Political Philosophy", *Journal of Chinese Philosophy* 6 (1979), pp. 69-90.

52. Hutton, Eric, "On the Meaning of Yi for Xunzi", unpublished manuscript. ca. 1976.

53. Hutton, Eric, "Does Xunzi Have a Consistent Theory of Human Nature?" in: Thoenton C. Kline III and Philip J. Ivanhoe eds., *Virtue, nature, and moral agency in Xunzi*, pp. 220-236.

54. Hutton, Eric, "Virtue and Reason in Xunzi", Ph.D. dissertation (Stanford University, 2001).

55. Hutton, Eric, "Chapter Six: Xunzi", in Philip J. Ivanhoe and Bryan W. Van Norden edits., *Readings in Classical Chinese Philosophy* (New York: Seven Bridges Press, 2001), pp. 247-294.

56. Hutton, Eric, "Moral Reasoning in Aristotle and Xunzi", *Journal of Chinese Philosophy* 29.3 (2002), pp. 355-384.

57. Hwang, Kien-chung, *Hsun Tzu's Logical Doctrine and the Theory of Probability* (Nanking, 1934).

58. Ivanhoe, Philip J. "Thinking and Learning in Early Confucianism", *Journal of Chinese Philosophy* 17.4 (1990), pp. 473-493

59. Ivanhoe, Philip J., "A Happy Symmetry: Xunzi's Ethical Thought", *Journal of the American Academy of Religion* 59.2 (1991), pp. 309-322.

60. Ivanhoe, Philip J., "Human Nature and Moral Understanding in Xunzi", *International Philosophical Quarterly* 34.2 (1994), pp. 167-175. Rp in: Thoenton C. Kline III and Philip J. Ivanhoe eds., *Virtue, nature, and moral agency in Xunzi*, pp.237-249.

61. Ivanhoe, Philip J., "Xunzi", *Confucian Moral Self Cultivation* (Indianapolis: Hackett Publishing Company, 2000), pp. 29-42.

62. Kaminsky, Jack, "Hsüntze's Philosophy of Man", *Philosophy and Phenomenological Research* 12 (1951), pp. 116-122.

63. Kenzig, Stephen R., "Ritual versus Law in Hsün Tzu: a discussion", *Journal of Chinese Philosophy* 3 (1975), pp. 57-66.

64. Kline III, Thoenton C., "Ethics and Tradition in the Xunzi", Ph.D. dissertation (Stanford University, 1998).

65. Kline III, Thoenton C. and Philip J. Ivanhoe eds., *Virtue, nature, and moral agency in Xunzi* (Indianapolis: Hackett Publishing Company, 2000).

66. Kline III, Thoenton C. "Moral Agency and Motivation in the *Xunzi*", in: id. and Philip J. Ivanhoe eds., *Virtue, nature, and moral agency in Xunzi*, pp. 155-175.

67. Knechtges, David R., "Riddles as Poetry: The 'Fu' Chapter of the Hsün-tzu", in: Chow Tse-tung ed., *Wen-lin* 2 (1989), pp. 116-122.

68. Knoblock, John, "The Chronology of Xunzi's Works", *Early China* 8 (1982-1983), pp. 28-52.

69. Knoblock, John, *Xunzi: A Translation and Study of the Complete Works* (Stanford, Calif.: Stanford University Press, 1988-1994).

70. Kuller, Janet A. H., "Early Chinese Resistance to Taoist Thought: A Study of Anti-Taoism in the *Hsün Tzu*", Ph.D. dissertation (University of Chicago, 1974).

71. Kuller, Janet A. H., "The 'Fu' of the *Hsün Tzu* as an Anti-Taoist Polemic", *Monumenta Seria* 31 (1974-1975), pp. 205-218.

72. Kuller, Janet A. H., "Anti-Taoist Elements in Hsün Tzu's Thought and Their Social Relevance", *Asian Thought and Society* 3.7 (1978), pp. 53-67.

73. Kuppermann, Joel J., "Xunzi: Morality as Psychological Constraint", in: Thoenton C. Kline III and Philip J. Ivanhoe eds., *Virtue, nature, and moral agency in Xunzi*, pp. 89-102.

74. Lau, D. C., "Theories of Human Nature in Mencius and Shyuntzyy", *Bulletin of the School of Oriental and African Studies* 15 (1953), pp. 541-565. Rp in: Thornton C. Kline III and Philip J. Ivanhoe eds., *Virtue, nature, and moral agency in the Xunzi*, pp. 188-219.

75. Lee, Janghee, "The Autonomy of Xin and Ethical Theory in Xunzi", Ph.D. dissertation (University of Hawaii, 2001).

76. Liang, Ch'i-hsiung, "A Descriptive Review of Hsüntzu's Thought", *Chinese Studies in Philosophy* 6.1 (1974), pp. 4-60. 〔from the Chinese〕

77. Lin, Yi-chun, "Three Translations of Xunzi—'Tianlun' ", *Journal of the Graduate Institute of Chinese Literature Fu Jen Catholic University* 7 (1997), pp. 419-439.

78. Machle, Edward J., "Hsün-tzu: a Revisionist View", *Iliff Review* 32.3 (1975), pp. 19-31.

79. Machle, Edward J., "Hsün Tzu as Religious Philosopher", *Philosophy East & West* 26.4 (1976), pp. 443-461.

80. Machle, Edward J., "The Mind and the 'Shen-ming' in the *Xunzi*", *Journal of Chinese Philosophy* 19.4 (1992), pp. 361-386.

81. Machle, Edward J., *Nature and Heaven in the Xunzi: A Study of the "Tian Lun"* (Albany: State University of New York Press, 1993).

82. Makeham, John, "Nominalist Theories of Naming in the Neo-Mohist Summa and Xun Zi", *Name and Actuality in Early Chinese Thought* (Albany: State University of New York Press, 1994), pp. 51-64.

83. Malmqvist, Göran, "The Cherng Shianq ballad of the Shyun Tzyy", *Bulletin of the Museum of Far Eastern Antiquities* 45 (1973), pp. 63-89.

84. Malmqvist, Göran, "A Note on the Cherng shianq Ballad of the Shyun Tzyy", *Bulletin of the School for Oriental and African Studies* 36.2 (1973), pp. 352-358.

85. Marshall, John, "Hsün Tzu's Moral Epistemology", *Journal of Chinese Philosophy* 14.4 (1987), pp. 487-500.

86. Martin, Michael R., "Ritual Action (Li) in Confucius and Hsün Tzu", *Australian Journal of Philosophy* 73.1 (1995), pp. 281-290.

87. Mei, Yi-pao, "Hsün Tzu on Terminology", *Philosophy East & West* 1 (1951), pp. 51-66.

88. Mei, Yi-pao, "Hsün Tzu's Theory of Education, with an English Translation of the *Hsün Tzu*, Chapter 1", *Ts'ing Hua Journal of Chinese Studies* 2.2 (1961), pp. 361-377.

89. Mei, Yi-pao, "Hsün Tzu's Theory of Government, with an English Translation of the *Hsün Tzu*, Chapter 9", *Ts'ing Hua Journal of Chinese Studies* 8.1-2 (1970), pp. 36-83.

90. Mote, Frederick, "Early Confucianism: Hsün Tzu", *Intellectual Foundations of China*, second edition (New York: McGraw-Hill Publishing Company, 1989), pp. 54-58.

91. Munro, Donald J., *The Concept of Man in Early China* (Stanford: Stanford University, 1969).

92. Munro, Donald J., "A Villain in the Xunzi", in: Philip J Ivanhoe ed., *Chinese Language, Thought, and Culture* (Chicago and La Salle, Ill.: Open Court, 1996), pp. 193-201.

93. Needham, Joseph, *Science and Civilization in China* vol. 2 (London: Cave Books, 1954).

94. Nevile, Robert, "Ritual and Normative Culture", *Normative Cultures* (Albany: State University of New York Press, 1995), pp. 163-195.

95. Nevile, Robert, *Boston Confucianism: Portable Tradition in the Late-Modern World* (Albany: State University of New York, 2000).

96. Nivison, David S., "Hsün Tzu and Chuang Tzu", in: Henry Rosemont Jr. ed., *Chinese Texts and Philosophical Contexts* (La Salle, Ill.: Open Court, 1991), pp. 129-142. Rp in: Thornton C. Kline III and Philip J. Ivanhoe eds., *Virtue,*

nature, and moral agency in the Xunzi, pp. 176-187.

97. Nivison, David S., "Xunzi on 'Human Nature' ", in: Bryan W. Van Norden ed., *The Ways of Confucianism: Investigations in Chinese Philosophy* (Chicago: Open Court, 1996), pp. 203-213.

98. Nivison, David S., "Critique of David B. Wong, 'Xunzi on Moral Motivation' ", in: Philip J. Ivanhoe Ed, *Chinese Language, Thought, and Culture*, pp. 323-331.

99. Parker, Edward H., "The Philosopher Süntsz", *New China Review* 4 (1922), pp. 1-19; pp. 360-372.

100. Parker, Edward H., "Liu Hsiang and Ts'ien Ta-hien on Sundz", *New China Review* 4 (1922), pp. 443-449.

101. Pao, Tsun-hsin, "The Metaphysical Characteristic of Hsun K'uang's World Outlook", *Chinese Studies in Philosophy* 10.4 (1979), pp. 31-46. 〔from the Chinese〕

102. Robins, Dan, "The Development of Xunzi's Theory of Xing, Reconstructed on the Basis of a Textual Analysis of Xunzi 23, 'Xing e' 性惡 (Xing is Bad) ", *Early China* 26 (2001-2002), pp. 99-158.

103. Roetz, Heiner, "Xunzi's Rationalism", *Confucian Ethics of the Axial Age: A Reconstruction under the Aspect of the Breakthrough Toward Postconventional Thinking* (Albany: State University of New York Press, 1993), pp. 213-226.

104. Rosemont, Henry Jr., "State and Society in the *Hsün Tzu*: A Philosophical Commentary", *Monumenta Seria* 29 (1970-1971), pp. 38-78. Rp in: Thornton C. Kline III and Philip J. Ivanhoe eds., *Virtue, nature, and moral agency in the Xunzi*, pp. 1-38.

105. Schofer, Jonathan W., "Virtues in Xunzi's Thought", *Journal of Religious Ethics* 21 (1993), pp. 117-136. Rp in: Thornton C. Kline III and Philip J. Ivanhoe eds., *Virtue, nature, and moral agency in the Xunzi*, pp. 69-88.

106. Schwartz, Benjamin I., "Hsün-tzu: The Defense of the Faith", *The World of Thought in Ancient China* (Cambridge, Mass.: Belknap Press of Harvard University Press, 1985), pp. 290-320.

107. Shih, Vincent Y. C., "Hsün Tzu's Positivism", *T'sing Hua Journal of Chinese Studies* 4.2 (1964), pp. 162-174.

108. Shih, Joseph, "Secularization in Early Chinese Thought － A Note on Hsün tzu", *Gregorianum* 50 (1969), pp. 391-404.

109. Shun, Kwong-loi, "Review of *Ethical Argumentation: A Study in Hsün Tzu's Moral Epistemology*, by A. S. Cua", *Philosophy East & West* 41.1 (1991), pp. 111-117.

110. Slingerland, Edward G., "Wu-wei in the *Xunzi*", *Effortless Action: Wu-wei as a Spiritual Ideal in Early China*, Ph.D. dissertation (Stanford University,

1998), pp. 345-411.

111. Soles, David E., "The Nature and Grounds of Xunzi's Disagreement with Mencius", *Asian Philosophy* 9.2 (1999), pp. 123-133.

112. Stalnaker, Aaron D., "Overcoming our evil: Spiritual Exercises and Personhood in Xunzi and Augustine", Ph.D. dissertation (Brown University, 2001).

113. Stalnaker, Aaron D., "Aspect of Xunzi's Engagement with Early Daoism", *Philosophy East &West* 53.1 (2003), pp. 87-129.

114. T'ang, Hsiao-wen, "Why is Hsün Tzu Called a Legalist?" *Chinese Studies in Philosophy* 8.1 (1976), pp. 21-35. 〔from the Chinese〕

115. Tsui, Chee-yee, "A Study of the Hsün Tzu", Ph.D. dissertation (University of Toronto, 1981).

116. Twohey, Michael, "Xunzi and Ancient Chinese Authority", *Authority and Welfare in China: Modern Debates in Historical Perspective* (New York: St. Martin's Press, 1999), pp. 13-28.

117. Van Norden, Bryan W., "Mengzi and Xunzi: Two Views of Human Agency", *International Philosophical Quarterly* 32 (1992), pp. 161-84. Rp in: Thornton C. Kline III and Philip J. Ivanhoe eds., *Virtue, nature, and moral agency in the Xunzi*, pp. 103-134.

118. Van Norden, Bryan W., "Hansen on Hsün-tzu", *Journal of Chinese Philosophy* 20.3 (1993), pp. 365-382.

119. Watson, Burton, *Hsün Tzu: Basic Writings* (New York: Columbia University Press, 1963).

120. Wong, David B., "Hsün Tzu on Moral Motivation", in: Philip J Ivanhoe ed., *Chinese Language, Thought, and Culture*, pp. 202-233. Rp in: Thoenton C. Kline III and Philip J. Ivanhoe eds., *Virtue, nature, and moral agency in Xunzi*, pp. 135-154.

121. Wong, Pui-yee, "The Philosophy of Hsün-tzu", Ph.D. dissertation (Edinburgh, 1978).

122. Yearley, Lee H., "Hsün Tzu on the Mind: His Attempted Synthesis of Confucianism and Taoism", *Journal of Asian Studies* 39.3 (1980), pp. 465-480.